AF892219

Opiniones

SUPERPOP

POR FIN UN LIBRO DE PASATIEMPOS DIVERTIDO DONDE NO HAY QUE TENER UN MÁSTER EN MATEMÁTICAS PARA RESOLVER LOS JUEGOS.

★★★★★

NEW YORK TIMES

HE VUELTO A HACER COSAS CON MI HIJO GRACIAS A ESTE LIBRO. CASI LLORO DE LA EMOCIÓN.

★★★★★

FAKE NEWS

SI EXISTIESE UN GIMNASIO PARA ENTRENAR LA MENTE, LOS CUADERNOS DE PASATIEMPOS DE BRUSH WILLIS TENDRÍAN LISTA DE ESPERA.

★★★★★

CASTELLÓN NEWS

PENSÁBAMOS QUE ERA OTRO ABURRIDO Y DIFÍCIL LIBRO DE PASATIEMPOS, PERO LA SORPRESA LLEGÓ CUANDO ME TUMBÉ EN LA PLAYA Y LO ABRÍ.

★★★★★

LA IA NO LO SABÍA

ME ESPERABA ENCONTRAR UN LIBRO HECHO CON LA IA, PERO NO, ESTOS JUEGOS SE NOTA QUE TIENEN EL TOQUE DE BRUSH WILLIS.

★★★★★

MR WONDERFOUL

HAY JUEGOS DONDE DEBES PREGUNTAR A TUS PADRES O GENTE MAYOR, Y ESO PARA UNA GENERACIÓN Z ES MUY DURO.

★★★★★

BRUSH® WILLIS

Responsable editorial
VÍCTOR MANUEL RUIZ CALDERÓN

Composición de cubierta
CELIA ANTÓN SANTOS

Diseño de cubierta e interiores
BRUSH WILLIS

Valentín Beato, 21. 28037 Madrid
Depósito legal: M. 8617-2025
ISBN: 978-84-415-5200-5
Impreso en España

PAPEL DE FIBRA
CERTIFICADA

Advertencia: En este retrato puedo parecer más joven y con menos arrugas de lo normal, pero es la ventaja de dibujarme a mí mismo.

Hola, soy Brush Willis, y este es mi cuarto libro de pasatiempos, ¿quieres ejercitar tu mente de forma divertida?

Vivimos en la época de la IA, donde cada vez nos volvemos un poco más tontos, porque al final le acaberemos preguntando a ChatGPT qué tengo que hacer para lavarme la cara por las mañanas. Ya nos hemos olvidado de pensar, de entrenar un poco nuestro cerebro y de tener la mente activa y creativa.

Cuando yo era joven sabía de memoria todos los teléfonos fijos de mis amigos y de muchos otros sitios, ahora apenas sé el de mi pareja de memoria, no sé el de mis padres o el de mi hijo y eso no me gusta.

Vivimos enganchados a las pantallas, olvidándonos de disfrutar de las pequeñas cosas, de ir a la playa a relajarnos, de coger este libro y disfrutar de sus pasatiempos sin prisas, sin necesidad de que seamos expertos en nada, simplemente que tengamos ganas de divertirnos.

Ejercitar la mente reduce el riesgo de demencia y ayuda a mantener nuestra memoria en forma, por eso es importante disfrutar sin prisas este libro.

No es un libro complicado ni aburrido como otros de acertijos, en ediciones anteriores he recibido mensajes de madres sorprendidas porque sus hijos les robaban el libro y viceversa. Tengo lectoras y lectores que van de los 7 a los 80 años.

BRUSH®
WILLIS

¿Qué es? Y encuentra las 11 diferencias

Adivina lo que representa la viñeta (es muy fácil). Y además, encuentra las 11 diferencias que hay entre una imagen y otra.

Te dejo 11 casillas para que vayas tachando por si no quieres rayar la página.

Solución: página 110

FUSIÓN ANIMADA

¿Qué dibujos son?

Estos personajes de dibujos animados están hechos con partes de algunos muy conocidos, tienes que adivinar qué dibujos animados están en cada fusión. Hay algunos de los 90, con lo que igual tienes que preguntar a tus padres.

1

2

3

Si tienes dudas, en la página siguiente tienes una sopa de letras con los nombres de todos los dibujos animados representados aquí.

Solución: página 118

4

....

....

5

....

....

....

....

Una sopa muy animada

Aquí enconrtarás los nombres de las series o películas animadas que hay representadas en las fusiones de personajes ilustradas en las dos páginas anteriores.

Solución: página 118

C	B	F	E	L	A	R	A	P	L	P	B	Y	H
H	I	L	A	L	L	A	D	E	O	I	O	L	O
I	P	I	K	A	C	H	U	S	S	K	B	A	R
C	N	S	N	M	L	V	C	V	I	A	E	P	A
H	I	G	I	P	A	P	E	P	N	V	S	A	D
O	O	A	O	A	D	B	O	O	C	P	P	N	E
T	G	C	N	L	Y	I	T	C	R	N	O	T	A
E	U	R	I	L	B	G	E	A	E	O	N	E	V
R	M	E	D	E	U	M	R	H	I	M	J	R	E
R	B	I	D	H	G	O	R	O	B	E	A	A	N
E	A	B	A	G	M	U	U	N	L	A	S	R	T
M	L	A	L	F	P	T	M	T	E	R	T	O	U
O	L	E	A	I	G	H	O	A	S	O	R	S	R
T	M	I	N	I	O	N	S	S	F	D	C	A	A
O	R	G	R	A	V	I	T	Y	F	A	L	L	S

Actrices famosas

Une la cara con su nombre y con la película o series en las que hayan aparecido.

Withney Peak

Zendaya

Hunter Schafer

Blade Runner 2999

Euphoria

Cuckoo

Dune

El retorno de las brujas

Space Jam

Gossip Girl

Los juegos del hambre

Solución: página 98

ACERTIJO VIRAL

Paula no está en la foto, pero al ver la imagen de abajo en las redes de su hermana Lupita, Paula mandó un mensaje a su pareja Pedro, para dejarlo, ¿sabes el motivo? Además del motivo tienes que averiguar quién es cada uno. Hay dos que son pareja en la foto, dos hermanas o hermanos. Jenny es la soltera del grupo. Lupita es pareja de uno de los de la foto, y Ania tiene un restaurante de comida rápida.

Solución: página 109

Te dejo los huecos para que pongas los nombres de cada uno.

España es así

Me he cansado de ver vídeos en redes sociales de gente a la que le preguntan por la calle y no sabe dónde están las ciudades de España, incluso algunos que sueltan barbaridades como que Andalucía es un país o que Granada está en el norte, por eso es necesario repasar un poco y tener algo de cultura básica. ¿A qué ciudad corresponde cada número?

Solución: página 111

- IBIZA
- BURGOS
- CÁDIZ
- CASTELLÓN
- CUENCA
- TOLEDO
- MURCIA
- MENORCA

ANTÓNIMOS ANÓNIMOS

En esta divertida sopa de letras tendrás que encontrar los antónimos de las siguientes palabras que tienes escritas abajo. No creo que haga falta, pero por si acaso te explico que un antónimo es la palabra opuesta o contraria. Por ejemplo, de gordo sería flaco, o de largo sería corto.

CALOR	JUVENTUD	SENTIMENTAL
TRISTEZA	SUAVE	SALVAJE
AMOR	ORIGEN	BONITO
IGNORANCIA	LÚGRUBE	BAJAR
ILUSIÓN	PROFUNDA	COMER

T	O	N	S	O	L	S	D	I	F	I	F	E	O
Q	U	I	R	R	E	A	L	I	Z	A	B	L	E
K	D	F	N	U	S	B	A	Y	U	N	A	R	T
D	H	A	D	E	S	I	L	U	S	I	O	N	G
B	E	U	S	H	U	D	U	D	O	R	A	I	Z
S	U	B	I	R	B	U	M	I	C	M	L	N	W
S	O	C	E	G	S	R	I	F	R	I	O	S	A
O	I	D	T	N	C	I	N	I	E	N	D	E	L
R	G	A	I	X	E	A	O	C	S	E	I	N	E
E	I	Z	N	O	R	S	S	U	D	N	R	S	G
P	D	A	U	F	I	Y	O	L	H	T	S	I	R
S	D	O	M	E	S	T	I	C	A	D	O	B	I
A	L	A	I	C	I	F	R	E	P	U	S	L	A
Z	E	J	E	V	D	N	U	D	J	O	X	E	E

Solución: página 110

FUSIÓN ANIMADA

En la siguiente fusión animada hay una mezcla de dibujos animados muy conocidos de diferentes épocas.

¿Serás capaz de adivinarlos todos? Seguro que te toca pedir ayuda a alguien más mayor o más joven.

Solución: página 111

¿Qué número llevan?

Deberás colocar correctamente los números de cada uno de estos famosos futbolistas. Su numeración corresponde a la temporada 24/25

Además, el diseñador se ha equivocado y ha escrito cuatro nombres mal, ¿adivinas cuáles son?

Solución: página 113

9	7	8
9	7	10
11	10	19

L. YAMAL

Año de nacimiento
- [ ] 2006
- [ ] 2007

Nacido en
- [ ] Esplugues de Llobregat
- [ ] Terrasa

Jugador más joven en debutar con la selección y marcar
- [ ] Verdadero
- [ ] Falso

Goleador más joven en marcar en LaLiga
- [ ] Verdadero
- [ ] Falso

El gesto que ves en sus manos al marcar es...
- [ ] Un código postal
- [ ] Un ave volando

Solución: página 113

Solución: página 113

Suspenso en gimnasia

Rupert es el profesor de gimnasia, el día del exámen final cuatro de sus alumnos aparecieron escayolados por diferentes accidentes, pero él suspendió a uno de ellos por mentir, ¿sabes quién es?

Solución: página 110

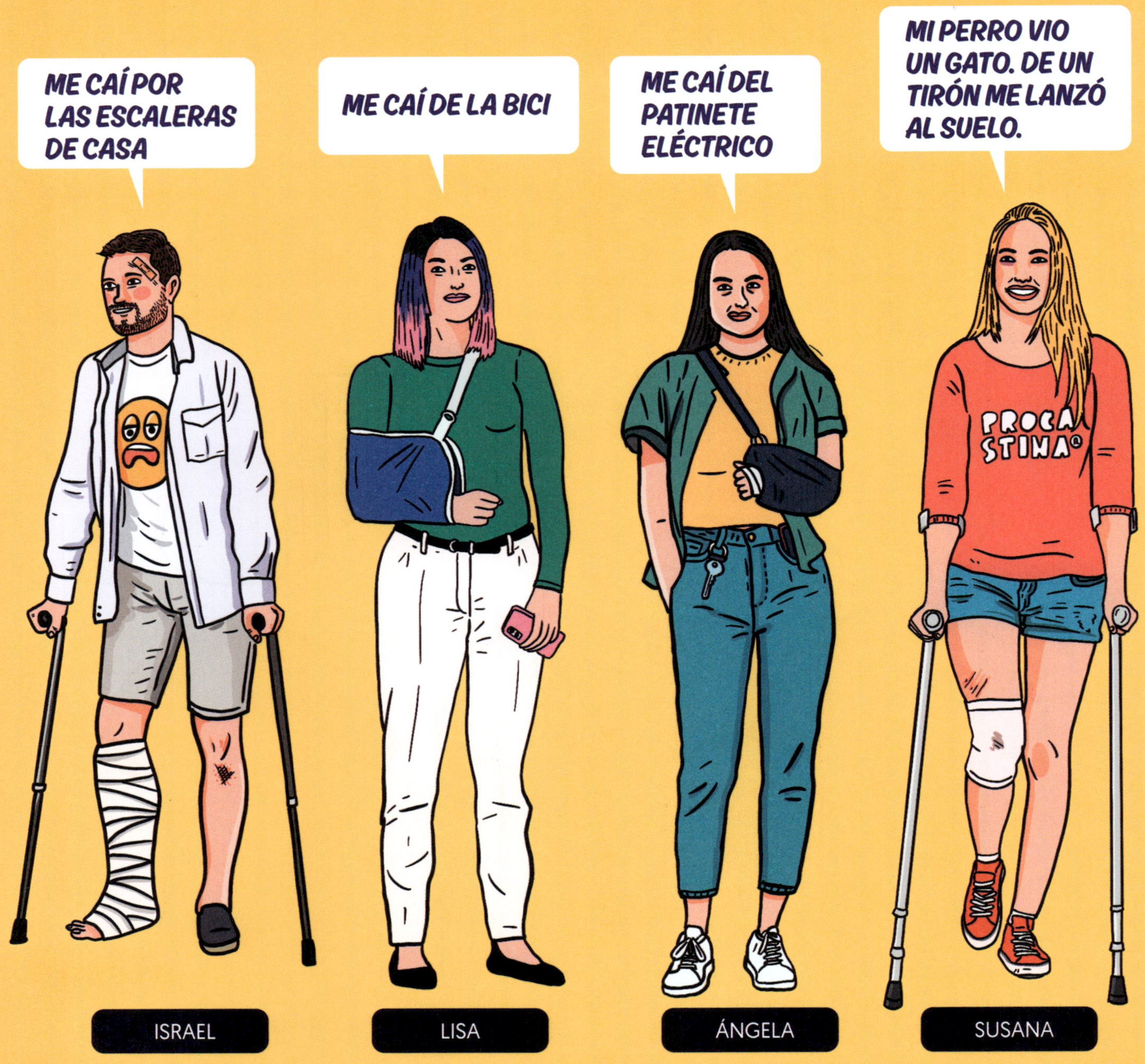

Vocabulario de ejercicios

Si te apuntas al gimnasio y algunos términos te suenan a chino, necesitas hacer este test para aprender lo que significa cada cosa. Marca con una línea la traducción al español que creas que es la correcta.

Dead lift	Dominadas
Row	Flexiones
Kettlebell	Abdominales
Push ups	Sentadilla con barra
Pull ups	Pesa rusa
Wall ball	Plancha
Clean	Zancada
Back squat	Remo
Sit-up	Saltos de cajón
Plank	Lanzamiento de balón
Lunge	Cargada
Box jump	Peso muerto

Solución: página 112

RUPERT

Potra Salvaje

Solución: página 110

En verano de 2024 se puso de moda esta canción, si estuviste en alguna verbena de pueblo incluso la habrás bailado. Además, seguramente te hartaste de escucharla, y te guste o no, ahora vas a tener que hacer memoria para acertar estas preguntas acerca de este tema.

La cantante de esta canción se llama

- [ ] Rebeca Portu
- [ ] Isabel Aaiún
- [ ] India Martínez

¿Cuántos tatuajes tiene debajo del vestido?

- [ ] 5
- [ ] 6
- [ ] 7

¿Dónde va de viaje la potra salvaje?

- [ ] A las Maldivas
- [ ] A lo desconocido
- [ ] A un barrio perdido

¿Qué se pone en los homenajes?

- [ ] Pendientes
- [ ] Un vestido
- [ ] Pelo recogido

Completa la frase: no quiero hierro ni sed de

- [ ] Agua
- [ ] Revancha
- [ ] Venganza

Como una potra salvaje que en oleaje...

- [ ] No pierde motivos
- [ ] No come bocadillos
- [ ] No pierde el sentido

Con la garganta llena de...

- [ ] Croquetas
- [ ] Palabras
- [ ] Arena

Porque el que canta...

- [ ] Su vida llena
- [ ] Su mal espanta
- [ ] Despierta al vecino

No me des la lata

Este juego es muy sencillo, solo tienes que adivinar la marca de cada una de las latas a las que he borrado los nombres. Hay 3 con alcohol y 3 sin, así que si eres menor puedes consultar a algún adulto.

Solución: página 114

Humor absurdo

Solución: página 112

Adivina la palabra o expresión que esconde cada dibujo, es muy fácil, pero por si acaso tienes una pista en la página 80.

Escribe el significado del dibujo

Somos muy monos

Necesitas saber un poco de todo, por eso en el libro encontrarás este tipo de test. Imagínate que un concurso de la tele callejero te pregunta algo de esto y pierdes 100 000 euros por no saber la respuesta.

Ponte mono, mona, porque ahí van las preguntas.

¿Cuál es el porcentaje aproximado de ADN que compartimos los humanos con los chimpancés?

- ☐ 75 %
- ☐ 98 %
- ☐ 100 %

¿Qué primate es conocido por su capacidad de usar las herramientas de manera similar a los humanos?

- ☐ Orangután
- ☐ Gorila
- ☐ Mono araña

¿Qué primate es conocido por su capacidad de aprender y usar el lenguaje de señas?

- ☐ Orangután
- ☐ Gorila
- ☐ Chimpancé

¿Cuál de los siguientes comportamientos es común tanto en humanos como en algunos primates?

- ☐ Creación de arte
- ☐ Agricultura
- ☐ Risa y juego
- ☐ Uso de lenguaje complejo

Solución: página 115

Actores famosos

Estos actores tienen nombres difíciles en muchos casos, por eso en la página de la derecha tienes sus nombres y apellidos desordenados. ¡Cuidado! He puesto algunos falsos para despistarte.

Solución: página 115

WOOD
JAC
VIN
GINA
TIMOTHee

UNE A CADA ACTOR CON SU PELÍCULA

Ya deberías saber el nombre de cada uno de los actores de abajo, pero ahora te toca adivinar películas en las que han aparecido cada uno de ellos. Une con una línea.

Fast & Furious

Bloodshot

Dune

Grand Piano

Bohemian Rhapsody

La ciudad perdida

Jackpot

Parpadea dos veces

El señor de los anillos

Freelance

Papillon

Wonka

Solución: página 116

9 PELÍCULAS DE TIM BURTON

V	H	D	U	M	B	A	V	X	M	L			
O	B	T	Z	H	S	I	F	G	I	B			
W	V	J	B	E	E	T	L	E	J	A	R		
I	A	E	D	W	O	O	D	F	X	J	J		
X	Q	C	U	M	B	A	F	C	R	B	E	J	M
F	R	A	N	K	E	N	W	E	E	N	I	E	B
V	B	A	T	M	A	N	R	E	T	U	R	N	S
K	Q	T	W	R	B	A	Q	A	V	A	M	Y	U
D	Q	S	L	E	E	P	Y	H	O	L	L	O	W
U	B	A	R	M	N	E	V	K	X	I	Q	U	W
M	K	N	B	A	G	F	L	A	H	S	F	I	
B	M	S	M	L	P	X	G	I	W	T	U	J	M
O	H	T	Z	U	V	S	J	V	B	H	U	M	B
L	A	N	O	V	I	A	C	A	D	A	V	E	R
B	U	O	E	C	I	U	J	E	L	T	E	E	B
W	X	I	N	B	I	G	F	L	A	H	S	F	I

Batman
Batman Returns
Beetlejuice
Big Fish
Dumbo
Ed Wood
Frankenweenie
Sleepy Hollow
Novia cadáver

Solución: página 114

Marcas de ropa

Adivina qué marca de ropa se esconde detrás de cada símbolo. Para complicarlo hay algunos que están girados, incompletos o con el nombre escrito de otra marca. ¿Cuántos serás capaz de adivinar?

Solución: página 108

Vestuario de trabajo

Seguro que has ido a comprar a la mayoría de estos sitios, por eso no te debería resultar muy difícil saber a qué tienda o supermercado corresponde cada camisa.

Solución: página 115

Es posible que cuando compres el libro haya cambiado algún vestuario, pero no te preocupes, son fáciles de identificar.

Pista: hay 5 supermercados muy conocidos y unos grandes almacenes. Hay uno muy tecnológico, otro del hogar y otro para gente activa.

¿Quién es Quién?

En estas páginas y las dos siguientes tienes que adivinar quién es quién. Hay un fisioterapeuta, una bailaora flamenca, un profesor de Historia, un fotógrafo, un profesor de pilates, un joyero, un payaso profesional, un pizzero italiano, un ciclista, un informático, un pintor, un peluquero, un ejecutivo tecnológico, una farmacéutica y un corredor de maratón.

Nivel: Medio

Solución: página 115

¿Quién es quién?

Solución: página 115

The box

Para poder pasar de página debes encontrar las piezas que abren la caja de debajo de la mesa.

Solución: página 115

Esta ilustración podría ser además una pista para resolver un caso del libro.

Humor absurdo

Solución: página 118

Soluciones absurdas

En esta sopa de letras están todas las soluciones a los dibujos de humor absurdo de la anterior página, así podrás comprobar si has acertado o no y rectificar tu respuesta.

Solución: página 113

S	E	M	E	X	O	L	V	I	D	N	Q	U	E	M	U
E	S	T	A	M	O	S	A	T	R	O	N	T	O	S	N
M	U	E	R	D	A	G	L	O	A	M	I	E	R	D	A
E	J	S	E	I	U	R	E	S	T	I	M	S	U	R	C
S	E	P	F	A	Y	A	N	U	O	N	E	U	I	O	A
U	T	A	L	M	R	N	V	E	N	A	V	N	D	T	L
E	A	L	E	A	T	D	I	Ñ	E	I	A	R	O	C	L
L	D	D	X	N	U	I	M	O	R	N	N	C	S	A	E
D	O	A	I	T	R	O	O	S	A	G	I	O	O	R	D
P	E	S	O	M	U	E	R	T	O	R	M	A	V	T	E
I	S	U	N	E	M	S	E	R	S	E	E	M	E	I	P
T	A	L	A	K	T	P	B	A	T	S	V	A	C	C	A
O	M	O	R	A	E	A	E	J	E	A	I	R	I	O	R
N	U	A	V	E	M	Ñ	L	I	O	D	E	E	N	L	I
I	N	S	U	X	E	A	D	N	P	A	N	S	O	E	S
M	U	S	G	O	R	T	E	M	I	C	O	L	E	V	U

Apartamentos Brush

Este es uno de los nuevos pasatiempos que he ideado para ti, por eso tengo que explicarte las normas, aunque son muy sencillas.
El objetivo es ir desde la entrada de abajo hasta el diamante de la azotea, pero no te lo voy a poner fácil.
Norma 1: solo puedes transportar un objeto a la vez.
Norma 2: la única escalera transportable es la de color rojo.
Norma 3: solo puedes subir de piso por la escalera, saltando en la colchoneta elástica, trepando por la cuerda o subiendo por el tubo con la ayuda de la escalera roja.
Norma 4: puedes cruzar por tubos o agujeros de la pared grandes.

La llama solo puedes apagarla con el extintor.

El extintor solo sirve para apagar la llama y poder pasar.

El cocodrilo no puede cambiar de habitación, pero puedes darle un conejo para comer y pasar.

Es el único alimento que distraerá al cocodrilo para que puedas pasar.

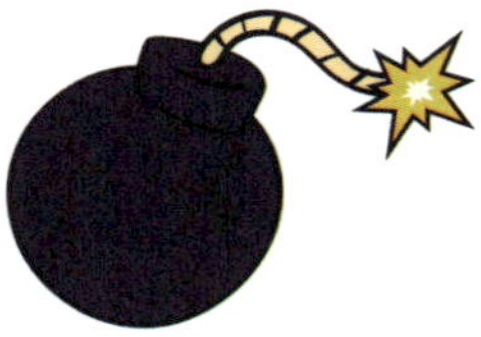

La bomba la puedes transportar y usar para atravesar una pared lateral (no sirve para techos)

La escalera roja es la única que puedes transportar y sirve para subir, pero no pisos enteros.

Saltar en la colchoneta te hará subir al piso superior. No se puede transportar entre pisos,

Con el *skate* vas a poder saltar grandes agujeros, siempre que haya una rampa.

Llegar al diamante es el objetivo de cada partida, si lo logras habrás pasado el nivel.

Solución: página 110

Recuerda que tienes que llegar hasta el diamante. Tienes las instrucciones en la página 38.

Solución: página 113

Solución: página 117

¿Cuántos errores ves en la imagen? Márcalos con un círculo o escríbelos abajo y luego descubre si has acertado. Son muy fáciles.

Test navideño

Solución: página 107

¿En qué país es Año Nuevo antes?

- ☐ Kiribati
- ☐ Tonga
- ☐ Samoa

¿Cuál es el nombre del reno de nariz roja de Santa Claus?

- ☐ Donner
- ☐ Blitzen
- ☐ Rudolph

¿En qué ciudad vive el Grinch?

- ☐ Whoville
- ☐ Springfield
- ☐ Bedrock

¿Qué significa la palabra "Navidad"?

- ☐ Nacimiento
- ☐ Alegría
- ☐ Paz

Películas navideñas

En la siguiente sopa de letras hay 12 películas típicas de Navidad. En una de ellas aparece Bruce Willis y uno de sus grandes éxitos.

Solución: página 111

V
T
N
Z G E
P U A
A I R
D Y T B I
A H P E R
D O G E P
U I A J T A B
M V C D L N A
X A M I E A T
X B N S F J E I B
O I E E U U S S U
X U D X Y I T T R
T B U A W B Z D K R U T O L N I I S U A C O E R A F B P A I E A S T A C A Ñ O
U O R I R O I A Y G B U O X A P E F K E N R O L O A U C L S B Z S R A R U
G L U R K R G U T U S Z P C T E Q R T I E S O L O E N C A S A T E
L S R S A J E D A G U R X N U U E L G R I N C H L I O E L J E
H O R U E B H L R Y E O A Q G S U Z O T R E E E E R R U R
O T A Ñ G O E V A Y A S A N T A C L A U S R P A X
P E L L I V M R T E L U F E E R A A C L U X O L
F T K E L O Y T L C E Ñ R O C V H O E M R
S A I K W M I L I H I M A E I R L
C N Y O L D Y E A A A R S A E
T S K M K A J L Z S I B L P N
U U N A L S T M A V E O F I A
A R U N P E U S I O P E O E C
Z L A K K U P J V I E I S L L A L
O L U S Z O U S X H R K T L A S U
C Y E T U N E Y T O U C O E G T C
P O D S R K O N C L Q U E R O E I M
O L F T Z L V L L L D Ñ L E A
M I E A L X I E A L R Z
K O M I E A L J L N A K
A D A B B O U G P I
K O E A N Q
L A U U U A
F Q C J
E O

DESCUBRE al ASESINO

Crimen misterioso

En este crimen no hay sospechosos, solo hay una pista, el resto te va a tocar investigarlo a ti porque el asesino anda suelto en cualquier página de este libro.

Mark

Era un empresario de éxito, amante de los coches, los relojes y el arte. La causa de su muerte fue por beber una copa de vino con disolvente. En su bolsillo estaba la nota que puedes ver abajo. Es la única pista que tienes para resolver el caso.

Pista: página 81

Solución: página 120

El verano ya llegó

A lo mejor ahora mismo estás en la playa y no necesitas pensar mucho, por eso esta sopa de letras te irá bien para relajarte un poco y dejar el móvil, que se calienta mucho con el sol.

Solución: página 108

T	Y	A	R	I	Ñ	W	K	I	W	I	X	I	N
H	I	E	L	L	O	M	O	S	Q	U	I	T	O
S	O	M	B	R	I	L	L	A	U	M	B	E	M
I	L	H	E	L	A	D	O	I	E	A	R	A	A
L	L	V	I	E	J	O	C	E	N	G	O	R	R
L	A	A	P	U	N	S	U	I	E	N	N	O	I
O	B	P	L	A	I	U	C	G	R	E	C	D	C
R	R	I	A	P	O	S	W	E	I	S	E	U	A
O	U	P	Y	V	I	O	P	R	A	I	A	S	R
C	S	I	A	P	B	R	U	S	H	O	D	O	M
A	H	C	S	E	X	Y	D	E	E	S	O	L	E
L	E	A	N	M	A	S	U	K	M	U	E	L	N
S	S	A	R	E	N	A	L	U	I	O	V	A	N
E	G	A	F	A	S	D	E	S	O	L	E	Y	R

GAFAS DE SOL
SOMBRILLA
SOL
PLAYA
MOSQUITO
PISCINA
BRONCEADO
ARENA
MAR
HELADO
SUDOR

Humor absurdo

Pistas: página 80

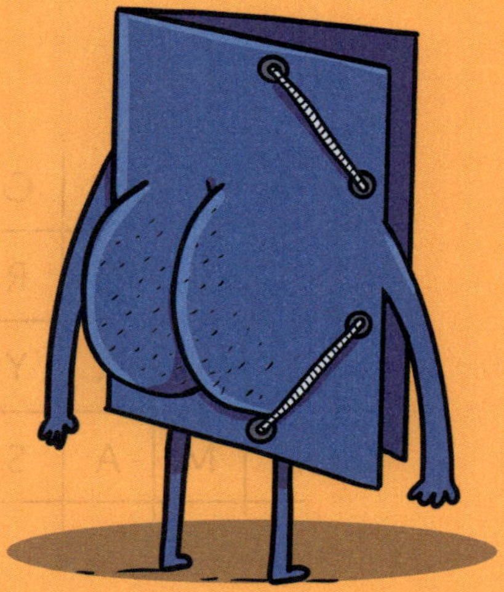

Solución: página 116

Comida rápida

Solución: página 116

Donovan tienen un trastero con muchas cosas, por eso tienes que ayudarle a encontrar todas las marcas de comida rápida que hay en la imagen escondidas.

En la sopa de letras tienes los nombres de los restaurantes de comida rápida que están ocultos en la imagen de la derecha.

Además te voy a complicar un poco la vida, tienes que encontrar las 11 diferencias que hay con la imagen de la página 63.

T	Y	M	R	I	Ñ	W	K	I	W	I	X	I	P
H	I	C	L	P	O	T	O	E	R	R	U	S	O
B	U	D	K	E	R	A	I	D	U	M	B	E	P
I	M	T	E	L	A	C	O	I	E	A	R	A	E
L	C	V	A	E	J	O	C	E	N	G	O	R	Y
L	D	A	P	C	N	S	U	I	E	N	N	A	E
D	O	M	I	N	O	S	P	I	Z	Z	A	Z	S
R	N	I	A	P	K	B	W	E	I	S	E	Z	A
O	A	P	Y	V	F	O	E	R	A	I	A	I	R
C	L	I	A	P	C	R	U	L	H	O	D	P	M
A	S	C	S	E	X	Y	D	E	L	S	O	E	E
L	E	A	N	M	A	S	U	K	M	U	E	L	N
S	U	C	I	O	W	E	L	U	I	O	V	E	N
A	U	B	U	R	G	E	R	K	I	N	G	T	L

Solución: página 119

Que empiece el festival

En este juego tienes que asociar cada persona por su ropa y complementos a un tipo de festival según el tipo de música.

Los festivales son: música tecno, K-pop, reguetón, country, rock, hip hop, reggae, bakalao, y hay una que es música urbana, hip hop, reguetón y trap según las pistas de su ropa.

1

2

3

4

Solución: página 111

8

5 **6** **7** **9**

12 Festivales de música que se celebran en España

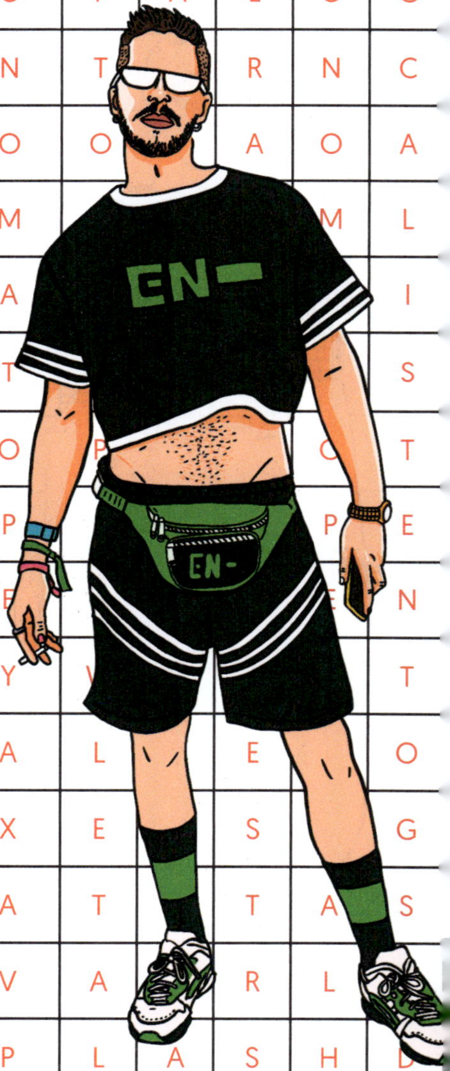

M	A	D	R	I	A	B	B	R	F	E	S	O	F	A	E	O	G
E	N	I	A	N	Z	A	X	E	N	W	U	N	T	[illegible]	R	N	C
G	D	F	M	O	K	R	W	S	O	A	V	O	O	[illegible]	A	O	A
U	R	E	O	M	E	C	A	U	M	S	I	M	[illegible]	[illegible]	[illegible]	M	L
S	R	E	N	A	N	A	S	R	A	H	Ñ	A	[illegible]	[illegible]	[illegible]	[illegible]	I
T	O	R	E	T	A	L	O	R	T	I	A	T	[illegible]	[illegible]	[illegible]	[illegible]	S
A	S	S	T	O	R	O	N	E	O	N	R	O	P	[illegible]	[illegible]	C	T
L	A	O	C	P	O	N	E	C	P	G	O	P	[illegible]	[illegible]	[illegible]	P	E
A	F	N	H	E	C	A	R	T	E	T	C	E	[illegible]	[illegible]	[illegible]	E	N
P	E	A	E	Y	K	W	A	I	Y	O	K	Y	V	[illegible]	[illegible]	[illegible]	T
A	A	R	E	N	A	L	S	O	U	N	D	A	L	[illegible]	E	[illegible]	O
E	N	V	I	Ñ	A	M	O	N	T	E	S	X	E	[illegible]	S	[illegible]	G
L	K	I	J	O	T	T	E	F	E	D	S	A	T	[illegible]	T	A	S
L	A	O	V	I	D	A	F	E	S	T	I	V	A	[illegible]	R	L	[illegible]
A	R	O	T	O	T	O	M	S	U	N	S	P	L	A	S	H	D
C	A	S	T	T	E	M	S	T	E	L	L	O	N	N	O	E	R

Pista: te voy a decir los lugares donde se celebran los festivales: Benicàssim (2), Barcelona (2), Villarrobledo, Burriana, Lugo, Bilbao, Madrid, Vilanova i la Geltrú, Aranda de Duero y Vitoria-Gasteiz.

Solución: página 114

N	T	F	A	E	O	A	R	G	E	N	T	I	N	P	R	F	A	E
E	R	T		R	N	L	U	C	I	E	R	N	A	R	A	T	A	R
C	A	O		A	O	Q	B	A	R	C	A	T	E	I	W	O	W	A
R	G				M	U	B	L	A	R	G	O	J	M	A	R	A	S
F	I				A	I	K	I	T	F	I	B	A	A	Z	T	K	E
L	M				T	L	L	S	A	L	M	O	N	V	L	O	A	C
R	I					E	I	T	F	R	I	O	O	E	L	P	W	S
S						R	V	E	E	S	P	A	M	R	E	E	A	O
U						E	E	N	S	U	T	I	O	A	T	D	K	N
N						S	O	T	A	N	O	E	L	S	U	W	E	O
M			S		A	P	R	O	X	M	A	D	C	O	O	L	S	R
N			O	S	X	O	R	G	A	N	I	L	L	U	M	E	O	A
G	O		I	T	A	R	O	S	E	G	O	N	E	N	S	E	I	M
U	B	M		R	L	L	A	S	N	U	B	E	S	D	A	M	E	A
E	L	M		S	A	L	U	D	P	E	L	O	T	A	V	A	S	C
U	E	E		A	E	T	U	R	Q	U	E	S	A	N	X	S	A	O

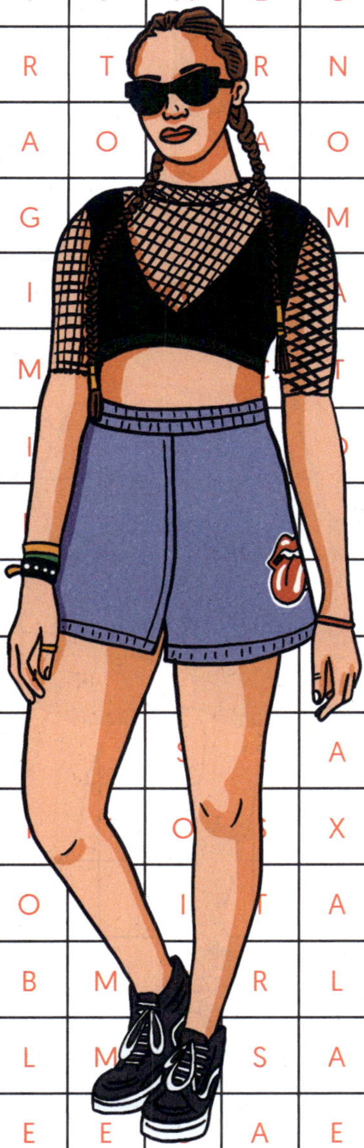

Descubre al ladrón famoso

Estos ladrones han intentado ocultar sus rostros para no ser pillados, pero al parecer son muy famosos, y seguro que tú sabes quién se oculta detrás de cada uno.

PISTA

Los nombres están en la sopa de letras de la página 64 (solo los nombres)

Solución: página 112

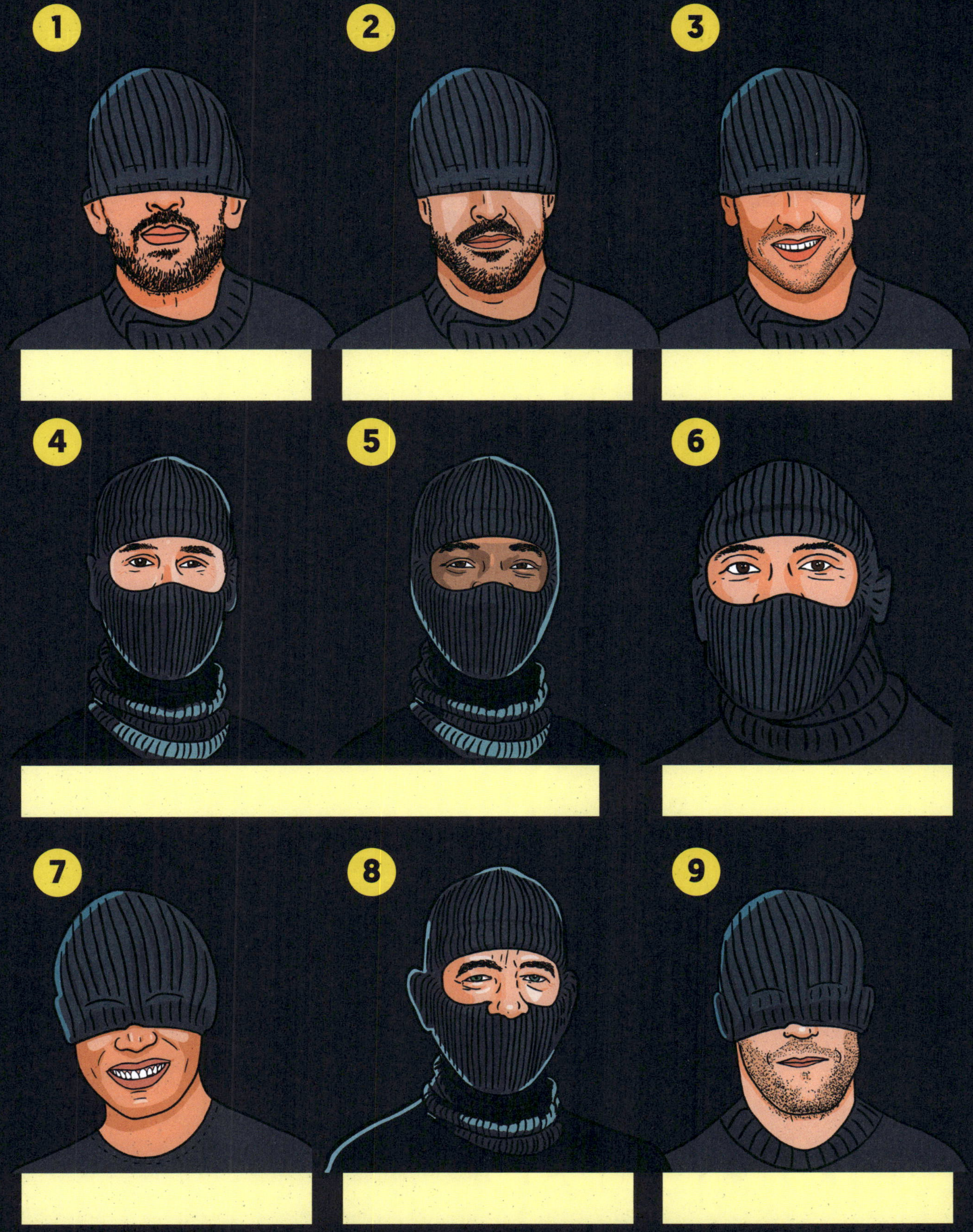
1
2
3
4
5
6
7
8
9

ESCAPE BRUSH ROOM

Aquí empiezan una serie de acertijos en los que tendrás que exprimir tus neuronas para conseguir superar cada uno de los pasatiempos que te propone Brush Willis.

Vamos a comenzar por los fáciles, donde solo tienes que descubrir la clave secreta según las siguientes indicaciones:

Este símbolo indica el número de helados que hay en la fila que están en el código final.

Este símbolo indica el número de helados que están ya en la posición correcta de la clave final

A partir de estos símbolos ubicados en las 4 filas, tienes que descburir el código final, es muy fácil.

Solución: página 108

✓ 2

0

✓ 3

2

✓ 0

0

✓ 2

2

La peluqueria

Descubre la clave de 3 números que abren la puerta de la peluquería.

Pista: página 81

PRIMER INTENTO

SEGUNDO INTENTO

TERCER INTENTO

Solución: página 116

La tienda de camisetas

Te has quedado encerrado en el centro comercial, dentro de la tienda de camisetas monocolores de moda. ¿Qué cinco cifras abren la puerta? Es muy fácil.

Pista: página 92

PRIMER INTENTO

SEGUNDO INTENTO

TERCER INTENTO

Solución: página 117

El cáliz sagrado

Debes conseguir salir de la iglesia con el cáliz que había sido robado hace años. La clave de salida es de 3 números.

Pista: página 81

PRIMER INTENTO

SEGUNDO INTENTO

TERCER INTENTO

Solución: página 118

El estudio de Brush

Tienes que adivinar la clave de 5 letras que abre la puerta del estudio de Brush y así poder robarle las ideas que tiene.

Pista: página 81

PRIMER INTENTO

SEGUNDO INTENTO

TERCER INTENTO

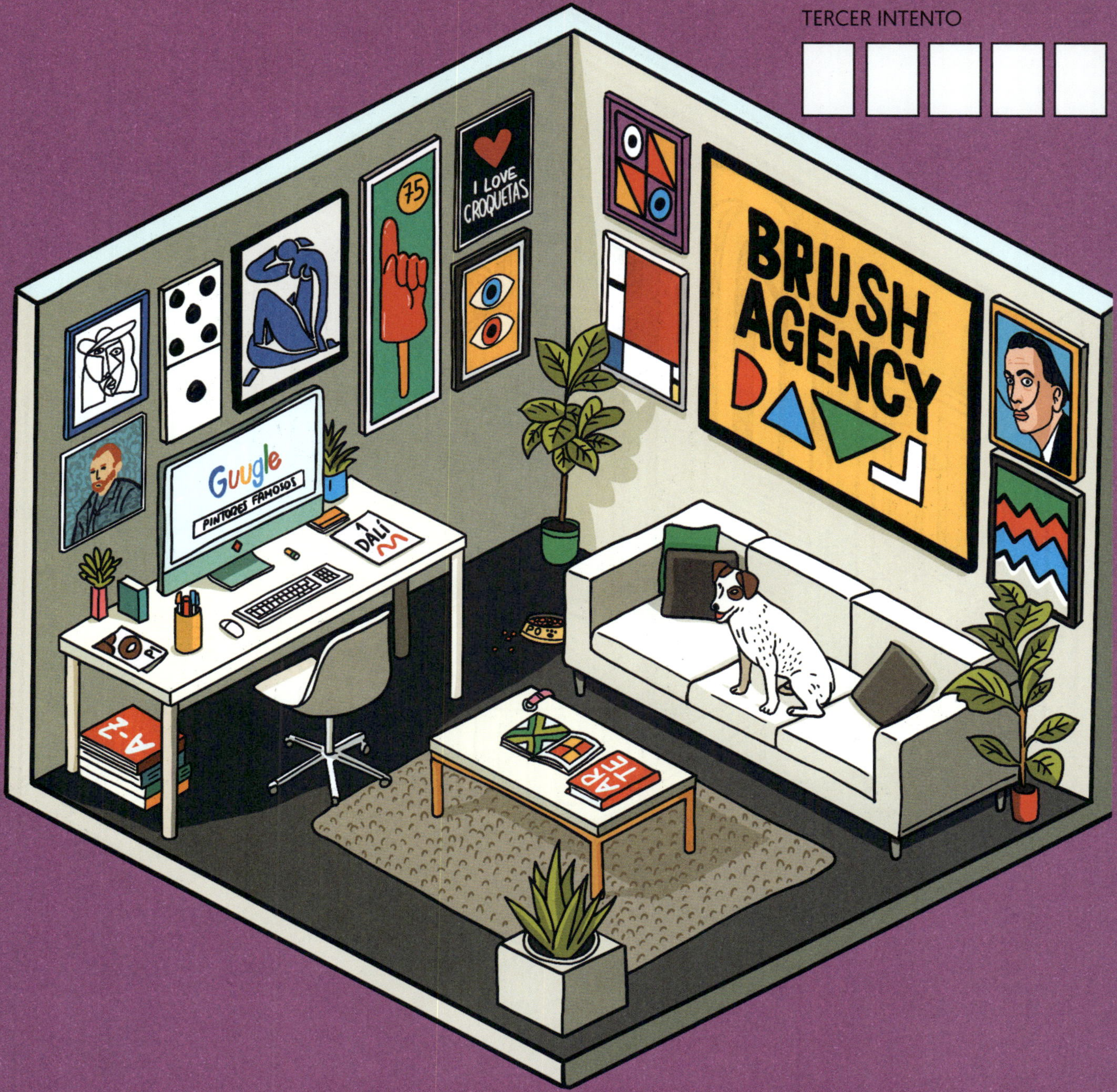

Solución: página 117

Solución: página 117

Pista: página 105

Escapa de la celda

La clave para salir de la puerta son 5 letras.

Solución: página 119

En esta sopa de letras están los nombres de los ladrones famosos del acertijo de la página 55 y de la página de la derecha. Puede que encuentres algunos nombres que están solo para despistar.

J	F	L	D	E	N	D	A	P	Z	D	T	J
O	H	E	U	C	R	A	N	A	A	W	S	A
S	R	E	R	C	B	W	N	C	D	A	E	S
E	A	L	A	N	Y	X	A	O	R	Y	Y	O
U	V	A	A	D	A	V	I	D	I	N	N	N
M	A	R	I	O	E	N	L	M	N	E	C	L
U	T	A	T	W	C	N	D	O	X	O	P	I
R	A	F	H	T	W	O	G	O	A	Y	E	V
L	D	A	V	I	M	P	A	C	O	I	D	O
U	E	M	A	O	P	E	D	R	O	O	R	E
I	L	A	T	K	W	I	D	O	W	E	O	L
E	M	M	A	N	T	E	W	I	L	L	T	A
B	R	U	S	H	A	M	A	I	A	A	P	P
E	L	O	C	I	N	E	C	N	O	Y	E	B

Solución: página 112

escubre al
adrón famoso

Pista: hay 2 cantantes y 4 actrices,
dos de ellas españolas.

¿Qué tienen en común dos de estas famosas?

Solución: página 112

DESCUBRE AL ASESINO

Navidad mortal

Solución: página 96

Úrsula
Era la hija de Roberto, pareja de Enrico y hermana de Amanda por parte de padre. Marisa era su madrastra, ya que su padre estaba separado y ahora está con Marisa, que es 15 años más joven. Trabajaba de administrativa en la empresa de su padre.

Causa de la muerte
Un fuerte golpe en la cabeza con un objeto punzante. La víctima intentó defenderse, por eso tiene heridas en su mano izquierda.

Bartolo
87 años. Padre de Marisa y abuelo de Amanda. Adora la Navidad, aunque tiene problemas de memoria.

Amanda
25 años. Hija de Roberto y Marisa y hermana de padre de Úrsula. Trabaja de comercial en la empresa de su padre.

Enrico
35 años. Pareja de Úrsula, trabaja de chófer de su suegro, Roberto. Le suele acompañar a los viajes.

Efrén

24 años. Pareja de Amanda. Trabaja en una empresa de electrodomésticos llevando el marketing digital y redes sociales. Lleva 2 años con Amanda.

Marisa

57 años. Mujer de Roberto y madre de Amanda. Actualmente no trabaja, es ama de casa, aunque siempre está de compras o subiendo contenido de su Instagram. Duerme en otra habitación porque Roberto ronca mucho.

Roberto
72 años. Padre de Úrsula y Amanda y pareja de Marisa. Tiene una empresa de azulejos que distribuye y vende por todo el mundo. A pesar de ser rico es un hombre modesto que no le gusta aparentar.

Pista: página 105

Solución: página 96

1

Llamada de Marta
Es una compañera de trabajo de administración a la que Úrsula le había preguntado las personas y habitaciones reservadas en el útimo viaje de Enrico y Roberto con la empresa. Marta le dijo que dos.

Humor absurdo

Pistas: página 80

Solución: página 114

Expresiones de gente joven

Si eres joven, este juego va a resultar muy fácil, pero si eres algo más mayor hará que aprendas nuevas expresiones y entiendas un poco mejor el lenguaje de ahora. Une cada una con su significado.

Solución: página 115

FOMO	Presumir de tus objetos de valor o estilo de vida con total ausencia de humildad
PEC	Pagafantas
LIT	Que genera mucha expectación
NOOB	Persona nueva, inexperta o poco habilidosa en alguna actividad
FLEX	Miedo a perderse algo
ESTAR EN TU PRIME	Estar en tu mejor momento
SIMP	Sinónimo de "genial", "excelente" o "cool"
HYPE	Algo que te gusta mucho

Por la cara

Solución: página 113

Adivina qué personajes famosos son.

No me des la lata II

Este juego es muy sencillo, solo tienes que adivinar la marca de cada una de las latas a las que he borrado los nombres. En este caso hay 2 con alcohol.

Solución: página 111

Juguetes, modas y cosas del desván

Este juego te va a encantar, además, si eres joven vas a necesitar la ayuda de tus padres o de una persona más mayor porque hay algunos que ya tienen unos cuantos años, por eso está pensado para resolverlo en equipo y que interactuemos más con otras personas y menos con el móvil.

Escribe aquí el nombre de cada juego/juguete.

01 ....

02 ....

03 ....

04 ....

05 ....

06 ....

07 ....

08 ....

09 ....

Solución: página 112

10

11

12

13

14

10 ....

11 ....

12 ....

13 ....

14 ....

15 ....

Solución: página 116

16 ....

17 ....

18 ....

19 ....

20 ....

21 ....

¿Quién es quién?

Adivina quién es el padre de cada uno.

Con las declaraciones de cada niño y las pistas de las imágenes tienes que adivinar quién es el padre de cada uno.

Solución: página 118

PETER

ROBERT

HUGO

Pistas Humor absurdo

Es una burbuja...

Es una tele que está donando un componente de la sangre.

Estas gafas son muy listas, han aprobado todo.

Es un tipo de cámara.

Juego de mesa.

No son gafas de lejos.

Mirada...

Es un oso muy...

Fanático.

Un buen salto.

También hay de techo.

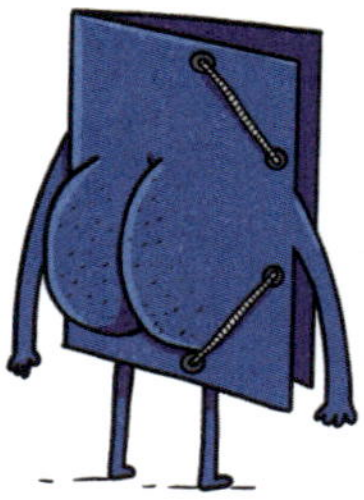

Mucha gente lo tiene.

Un queso jubilado.

Un héroe de patata y huevos.

Cuando una peli es muy buena.

Pistas Escape room

EL CÁLIZ SAGRADO
El cuadro de la izquierda parece indicar el orden de los colores, y el de la derecha, ¿es un plano?

LA PELUQUERÍA
N y R, ¿sabés qué significa? Creo que toca contar bien.

EL ESTUDIO DE BRUSH
La primera letra es le D de Dalí, ¿qué otros pintores hay en la imagen?

PISTA CRIMEN
¿Recuerdas el salón con la caja y un niño en el sofá? Mira bien esa imagen porque igual está ahí la pista que necesitas.

Apartamentos Brush

Recuerda que tienes que llegar hasta el diamante. Tienes las instrucciones en la página 38.

Solución: página 108

Solución: página 107

Lo 11 errores de la habitación de Alma

En la imagen de la derecha está Clara en su habitación. Tienes que encontrar los 11 errores que hay en la imagen.

En esta sopa de letras debes encontrar 11 objetos que aparecen la imagen de la derecha, es múy fácil.

Solución: página 109

J	U	L	I	E	T	A	S	P	W	R	E	T	S	O	P	P	L
A	N	A	C	A	C	A	D	I	O	A	R	G	U	S	W	O	I
M	O	M	E	V	A	C	A	Z	W	S	E	A	A	T	O	L	B
O	R	O	E	D	O	P	I	Z	X	A	L	L	V	E	R	E	R
N	U	V	R	V	X	C	U	A	D	R	O	S	E	O	D	N	O
A	X	I	U	S	C	A	C	R	U	I	J	E	P	P	E	T	S
E	M	L	N	C	I	P	A	C	E	X	U	N	A	A	N	A	U
S	A	B	A	N	A	S	M	A	N	P	L	A	N	T	A	N	R
T	U	M	A	D	R	E	A	D	D	E	O	W	A	A	D	A	E
M	E	C	R	E	C	A	N	T	A	R	W	O	W	L	O	R	R
A	L	M	O	H	A	D	A	N	O	R	M	A	L	L	R	I	O
V	I	C	T	O	R	I	E	N	C	H	U	F	E	R	T	E	S

Solución: página 109

¿Quién es quién?

En la imagen hay 3 trabajadores de diferentes negocios, uno de peluquería, otro de zapatería y el tercero es una óptica. Adivina quién trabaja en cada uno.

De izquierda a derecha aparecen Camila, Rafa y Jessica.

Solución: página 116

¿Asesinato o suicidio?

Roger ha aparecido muerto con un disparo en el pecho efectuado con el arma que tenía en su mano. A su lado había una cinta de casete. La inspectora de policía puso la cinta en un *walkman*, le dio al Play y escuchó lo siguiente:

"Soy Roger, y estoy cansado de todo, tengo muchos problemas en el trabajo con la familia y ya no puedo más".
Después se escuchó un disparó.

PISTA: Si no sabes lo que es un casete o un *walkman* pregunta a alguien más mayor, es posible que pueda darte alguna pista.

Solución: página 118

¿Quién es quién?

En cada bloque de palabras tienes una profesión o trabajo, Tienes que adivinar a quién pertenece cada uno según su aspecto o pistas.

Solución: página 111

FABIO

B	R	O	M	E	B	O

S	L	I	T	B	O	F	U	T	A

S	E	R	I	T	P	R	E

B	A	D	O	G	O	A

Perder la cabeza

Encuentra dos que están repetidas tres veces
y dos que solo aparecen una vez.

Solución: página 112

Pista Escape room

La tienda de camisetas

CMYK es la clave.

C: es cián
M: es magenta
Y: es amarillo
K: es negro

Humor absurdo

Solución: página 115

Descubre los 4 nombres de animales de 4 letras. Hay uno en cada fila.

H	U	B	O	1				
P	O	S	A	2				
B	O	L	O	3				
C	O	F	A	4				

Descubre los 4 nombres masculinos de 4 letras. Hay uno en cada fila.

P	C	O	A	1				
E	I	K	K	2				
A	N	U	I	3				
R	E	K	I	4				

Descubre los 4 nombres femeninos de 4 letras. Hay uno en cada fila.

M	A	L	A	1				
C	E	L	O	2				
S	A	L	E	3				
A	L	G	A	4				

Solución: página 117

El reto viral que muy poca gente sabe resolver. Tienes que unir los círculos del mismo color con una línea, pero no se puede cruzar ninguna línea.

Tienes 3 oportunidades, o puedes competir contra alguien y hacerlo a lápiz.

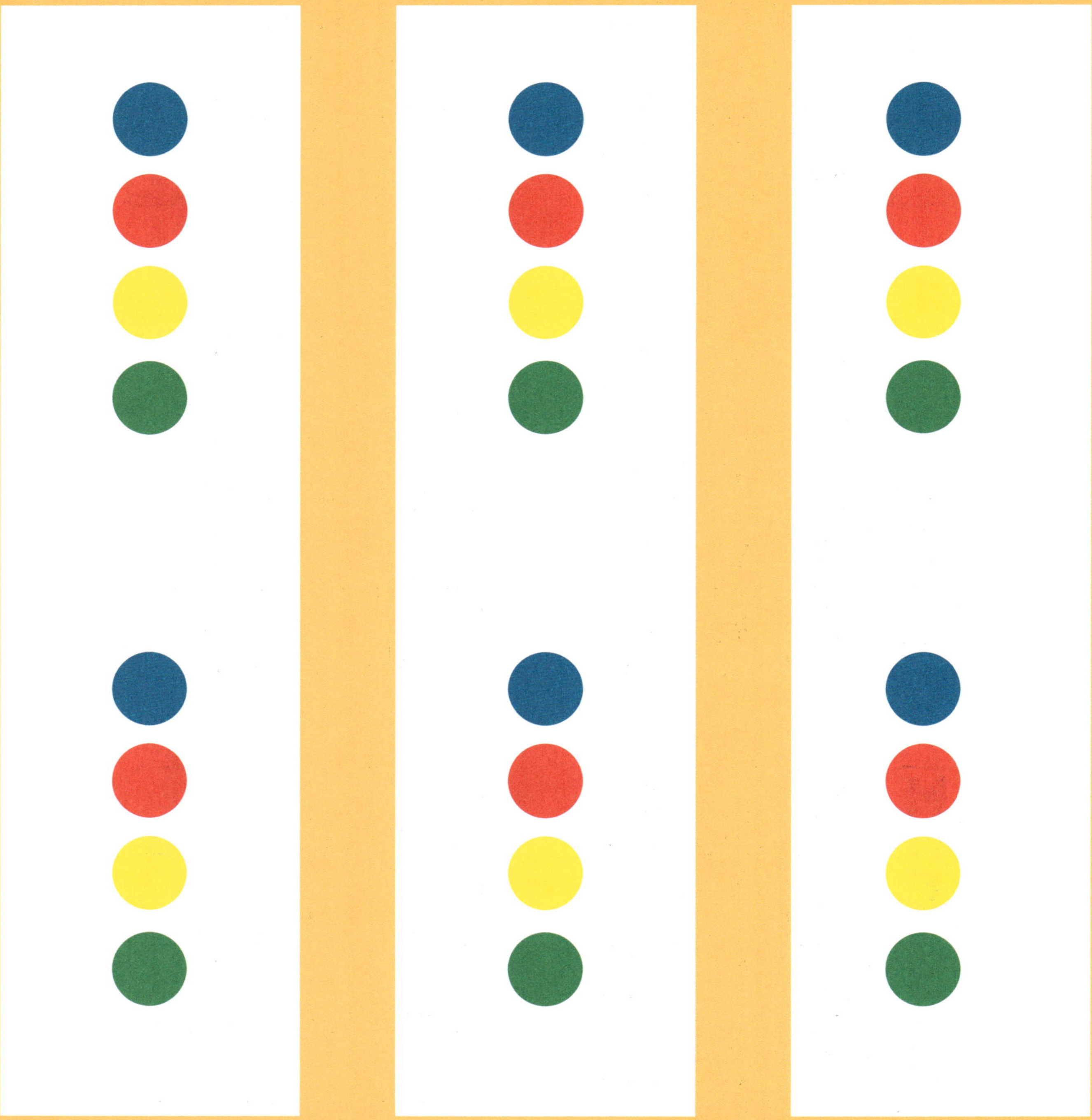

Solución: página 108

Deja el móvil, comprueba antes de sentarte que hay papel de sobra, y comienza a resolver estos pasatiempos fáciles y sencillos, para que hacer caca sea aún más placentero.

IMPORTANTE:
Antes de sentarte con el libro comprueba que hay papel, que no quiero que arranques una hoja de mi libro para limpiarte.

Tu caca pesa

Mucha gente se pesa antes y después de hacer caca, así que por si acaso eres una de esas personas, te dejo esta tabla para que vayas rellenándola.

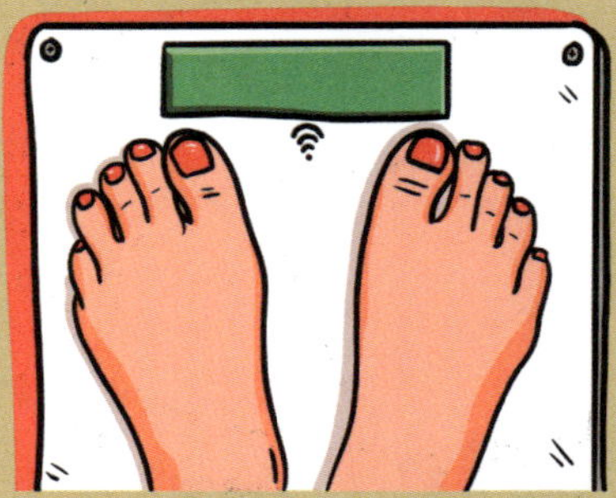

PESO ANTES	PESO DESPUÉS	TOTAL

¿Cuántos meses tienen 28 días?

Si un avión se estrella en la frontera entre Estados Unidos y México, ¿en qué país entierras a los sobrevivientes?

Solución: página 100

SOLUCIÓN

Asesinato de Úrsula

En la llamada Marta le confirma que Enrico y Úrsula compartieron habitación en el último viaje. Su padre siempre se pide una habitación para él solo porque ronca mucho.

Úrsula fue asesinada por Enrico con al abrebotellas. Úrsula sorprendió a Enrico en la habitación con Amanda, por eso ella lleva la blusa al revés, la cremallera bajada y a Enrico le falta un calcetín. Además en su copa hay agua, no vino como él dice.

Al ladrón

Tienes 2 minutos para intentar llegar al diamante, así que pon el crono de tu reloj o móvil y no hagas trampa.

Solución: página 113

Piensa rápido

Solución: página 102

¿Qué tiene un cuello pero no tiene cabeza?

¿Cuántas veces puedes restar 10 de 100?

Un granjero tiene 17 ovejas, todas menos 9 mueren. ¿Cuántas le quedan?

¿Puedes nombrar tres días consecutivos sin usar las palabras miércoles, viernes, sábado o domingo?

¿Qué tienen en común estas tres expresiones?

Solución: página 103

R E C O N O C E R

S O M E T E M O S

L U Z A Z U L

SOLUCIÓN

Hunter Schafer:
Cuckoo
Euphoria
Los Juegos del hambre

Withney Peak:
Gossip Girl
El retorno de las brujas

Zendaya:
Euphoria
Dune
Espace Jump

El ascensor

Solución: página 100

Pablo vive en el décimo piso de un edificio. Cada mañana, toma el ascensor hasta la planta baja para ir a clase. Pero cuando regresa, toma el ascensor solo hasta el séptimo piso y luego sube los tres pisos restantes por la escalera. Únicamente sube hasta el décimo piso cuando coincide con su vecina.
¿Por qué hace esto?

Encuentra el error en la imagen

Solución: página 100

Conduces un autobús con 17 personas, en la siguiente parada se bajan 5 y se suben 13. Después, en la siguiente se bajan 10 y suben 5, ¿de qué color son los ojos del conductor?

Solución: página 100

La escalera

Si subes 3 escalones, bajas 2, subes 5 más y luego bajas 4, ¿en qué escalón te encuentras?

Solución: página 105

SOLUCIONES

Todos los meses tienen 28 días.

Los sobrevivientes no se entierran, están vivos.

El ascensor: sube por las escaleras los tres últimos pisos porque es bajito y solo llega hasta el botón del piso 10.

Error en la imagen: la tapa es muy pequeña.

Tú eres el conductor. Es el color de tus ojos.

ENCUENTRA LA LETRA QUE NO CORRESPONDE

D	D	D	D	D	D	D	D	D	D
D	D	D	D	D	D	D	D	D	D
D	D	D	D	D	D	D	D	D	D
D	D	D	D	D	D	D	D	D	D
D	D	D	D	D	D	D	D	D	D
D	D	D	D	D	D	D	D	D	D
D	D	D	D	D	D	D	O	D	D

Solución: página 104

¿CUÁNTOS CÍRCULOS VES? (NO SON 6)

Solución: página 105

Solución: página 105

ENCUENTRA LA LETRA C

000000000000000000000000000000000
000000000000000000000000000000000
000000000000000000000000000000000
000000000000000000000000000000000
000000000000000000000000000000000
000000000000000000000000000000000
000000000000000000000000000000000
0000000000000000000000000000000C0
000000000000000000000000000000000
000000000000000000000000000000000

¿Cuántas personas son?

Ana, mi prima; Luis, mi tío;
Eva, mi hermana y yo.

Solución: página 104

- [ ] 5
- [ ] 6
- [ ] 7
- [ ] 8

Solución: página 104

Encuentra foca

Puede estar en horizontal, diagonal, vertical o forma de L.

O	F	C	A	F	O	C
A	C	O	C	O	C	A
F	A	C	A	F	O	F
O	C	F	O	C	C	A
C	A	A	F	O	F	O
O	F	C	A	O	O	C
A	C	A	C	O	A	A
C	F	A	A	C	A	F

SOLUCIONES

- Botella.
- Solo puedes restar una vez, porque después ya no estarías restando sobre 100.
- Quedan 17 ovejas, no te pregunta si vivas o muertas.
- Ayer, hoy y mañana.

Encuentra hija

Solución: página 109

Puede estar en horizontal, diagonal, vertical o forma de L.

A	I	H	A	J	H	A
H	J	I	J	A	J	J
I	A	J	J	I	A	H
J	H	I	I	H	I	I
H	I	A	H	A	H	J

Encuentra lago

Solución: página 108

O	A	L	G	O	G	G
G	L	A	O	O	L	O
L	O	G	G	L	A	L
A	G	A	L	O	O	G
O	L	L	G	A	G	A

Encuentra digo

Solución: página 107

I	D	O	G	O	D	I
D	D	G	O	D	O	D
G	O	I	I	G	I	G
O	G	D	D	I	G	O
D	I	O	I	G	I	D

Sinónimos de mear

Solución: página 107

Orinar
Hacer pís
Hacer pipí
Miccionar
Echar una meada

M	S	H	A	L	L	U	Z	M	N	N	N	D	C	R
Ú	I	A	Ñ	C	X	A	É	M	V	F	Z	G	A	É
W	N	C	R	K	R	M	W	F	Ó	J	H	U	Y	H
V	I	E	C	E	X	T	B	T	G	V	C	O	U	O
W	V	R	Ñ	I	Q	R	U	G	Ú	A	U	D	Ó	R
G	T	P	I	D	O	K	J	N	V	Y	O	N	A	I
D	C	I	J	K	D	N	F	E	C	A	R	B	E	N
E	N	P	U	C	I	A	A	S	E	Ü	S	S	H	A
V	É	I	A	H	A	C	E	R	R	P	I	S	I	R
T	Y	C	A	B	A	Z	B	Í	C	O	A	W	Í	S
H	D	E	P	O	N	E	R	S	M	W	E	T	Z	E
D	V	E	O	Ñ	A	T	E	E	N	Y	D	L	O	P
Q	A	V	Y	B	Z	X	R	G	J	Z	D	A	N	R
E	C	H	A	R	U	N	A	M	E	A	D	A	W	U
E	L	Y	R	V	U	F	U	G	Á	I	Z	V	I	F

SOLUCIÓN: las tres se leen igual al derecho que al revés.

Sin levantar el boli, tienes que ir del punto 1 al 2 pasando por todos los círculos, pero sin poder repetir ninguno. No puedes ir en diagonal. Tienes 3 oportunidades.

Solución: página 108

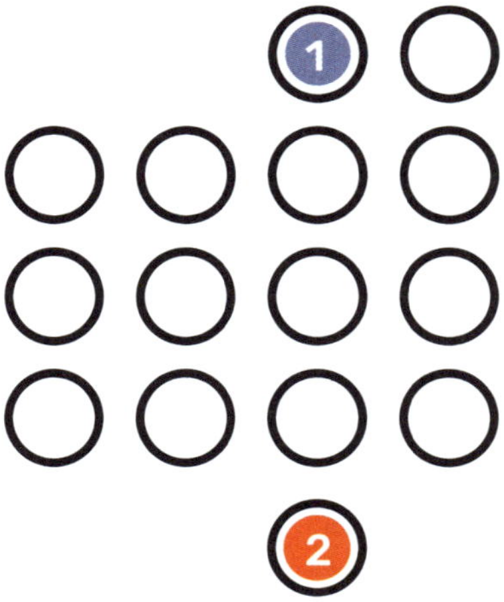

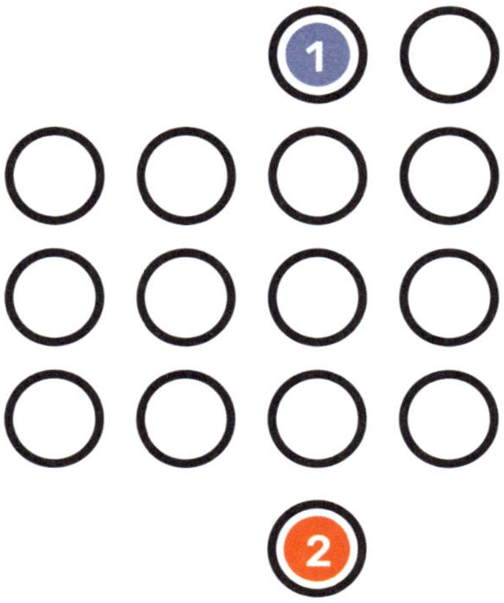

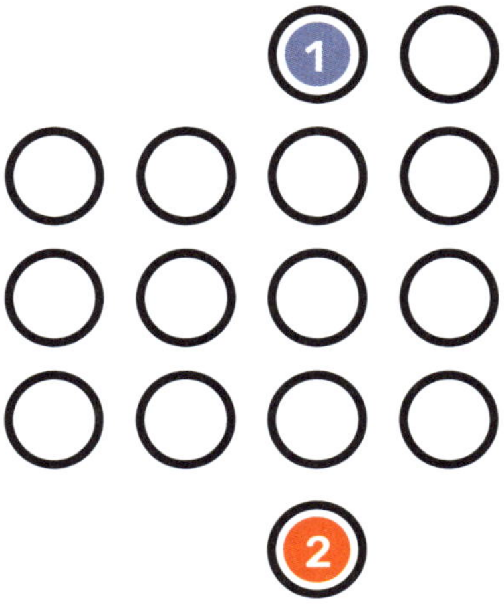

En esta ocasión, en una sola línea tienes que pasrar por todos los puntos, pero sin tocar los puntos rojos. No puedes ir en diagonal, ni volver a pasar por donde ya has pasado.

Solución: página 108

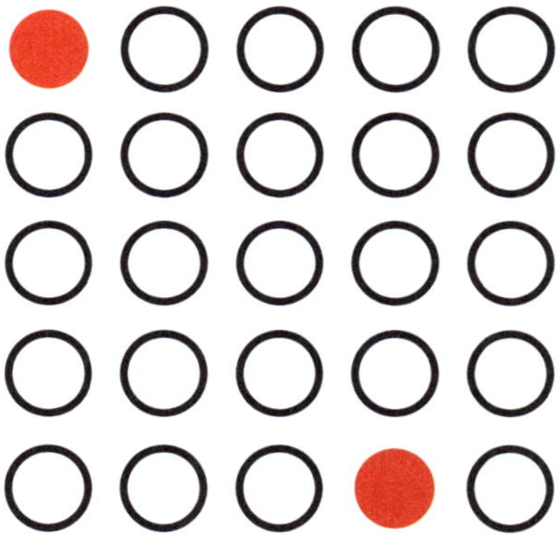

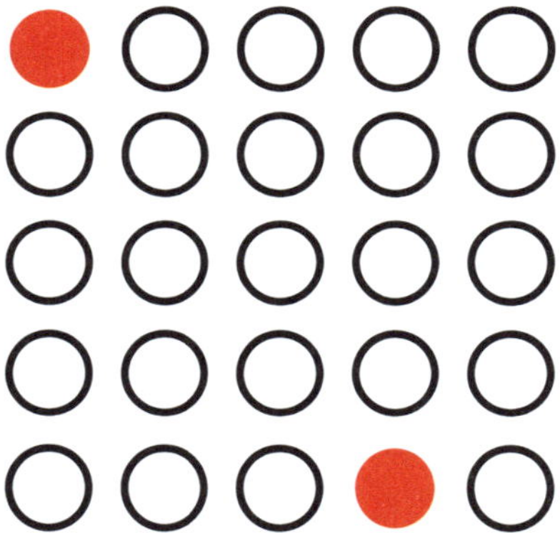

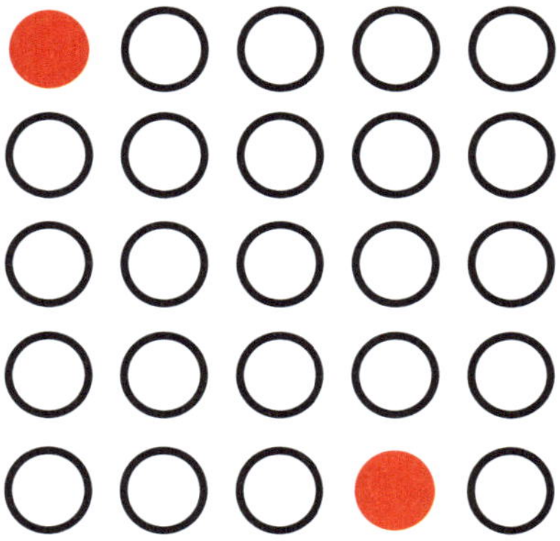

SOLUCIONES

¿Cuántas personas son?
Son 5 personas.

O	F	C	A	F	O	C
A	C	O	C	O	C	A
F	A	C	A	F	O	F
O	C	F	O	C	C	A
C	A	A	F	O	F	O
O	F	C	A	O	O	C
A	C	A	C	O	A	A
C	F	A	A	C	A	F

D	D	D	D	D	D	D	D	D	D
D	D	D	D	D	D	D	D	D	D
D	D	D	D	D	D	D	D	D	D
D	D	D	D	D	D	D	D	D	D
D	D	D	D	D	D	D	D	D	D
D	D	D	D	D	D	D	D	D	D
D	D	D	D	D	D	D	0	D	D

Pista Escapa de la celda: cifrado César

Pistas asesinato de Úrsula

1

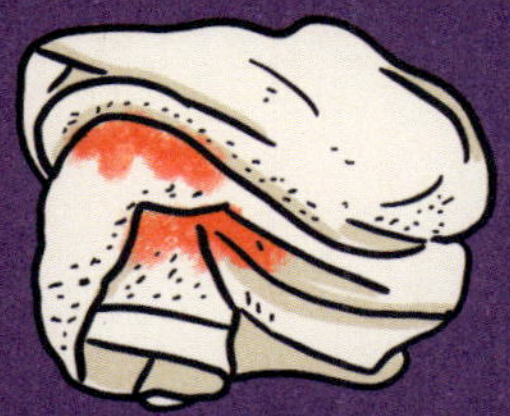

Trapo con sangre
En la papelera del baño del dormitorio estaba este trapo con sangre.

2

Pomada
Estaba en la mesa de la cocina.

3

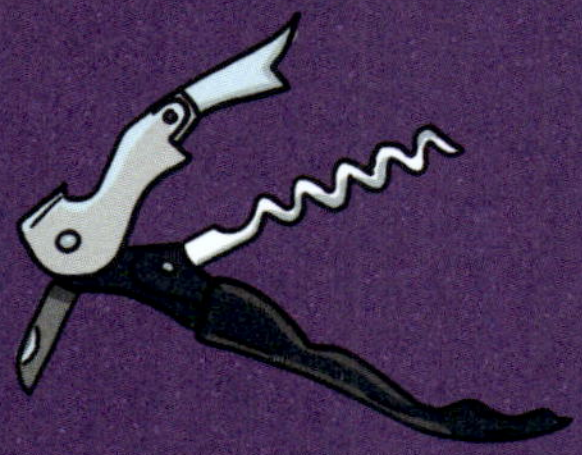

Abrebotellas
Era lo único que había en el fregadero limpio, aún estaba mojado.

4

Calcetín
Estaba en el dormitorio, debajo de la cama.

SOLUCIONES

¿Cuántos círculos ves?
11. Tienes que contar también las letras "O" del enunciado y el círculo del número 6.

La escalera:
En el segundo escalón.

```
000000000000000000000000000000000
000000000000000000000000000000000
000000000000000000000000000000000
000000000000000000000000000000000
000000000000000000000000000000000
000000000000000000000000000000000
000000000000000000000000000000000
0000000000000000000000000000000C0
000000000000000000000000000000000
000000000000000000000000000000000
```

La última cagada

Solución: página 109

5

2

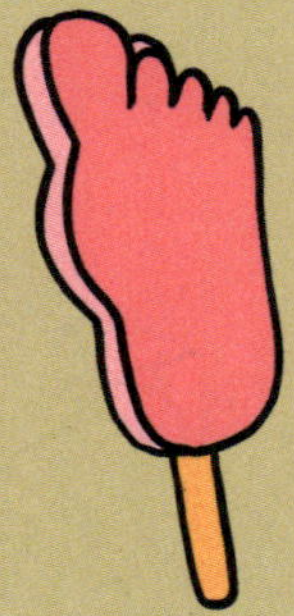

3

7

4

8

[En inglés]

1

Sinónimos de mear

M	S	H	A	L	L	U	Z	M	N	N	N	D	C	R
Ú	I	A	Ñ	C	X	A	É	M	V	F	Z	G	A	É
W	N	C	R	K	R	M	W	F	Ó	J	H	U	Y	H
V	I	E	C	E	X	T	B	T	G	V	C	O	U	O
W	V	R	Ñ	I	Q	R	U	G	Ú	A	U	D	Ó	R
G	T	P	I	D	O	K	J	N	V	Y	O	N	A	I
D	C	I	J	K	D	N	F	E	C	A	R	B	E	N
E	N	P	U	C	I	A	A	S	E	Ü	S	S	H	A
V	É	I	A	H	A	C	E	R	R	P	I	S	I	R
T	Y	C	A	B	A	Z	B	Í	C	O	A	W	Í	S
H	D	E	P	O	N	E	R	S	M	W	E	T	Z	E
D	V	E	O	Ñ	A	T	E	E	N	Y	D	L	O	P
Q	A	V	Y	B	Z	X	R	G	J	Z	D	A	N	R
E	C	H	A	R	U	N	A	M	E	A	D	A	W	U
E	L	Y	R	V	U	F	U	G	Á	I	Z	V	I	F

I	D	O	G	O	D	I
D	D	G	O	D	O	D
G	O	I	I	G	I	G
O	G	D	D	I	G	O
D	I	O	I	G	I	D

Errores: El gorro tiene dos borlas. Se escribe HO HO HO! Papá Noel no es de piel oscura. Hay una cabeza de toro en vez de un reno.

Test navideño

En Kiribati es año nuevo antes.
Rudolph es el reno de nariz roja.
El Grinch vive en Whoville (Villa Quién)
Navidad significa "nacimiento".

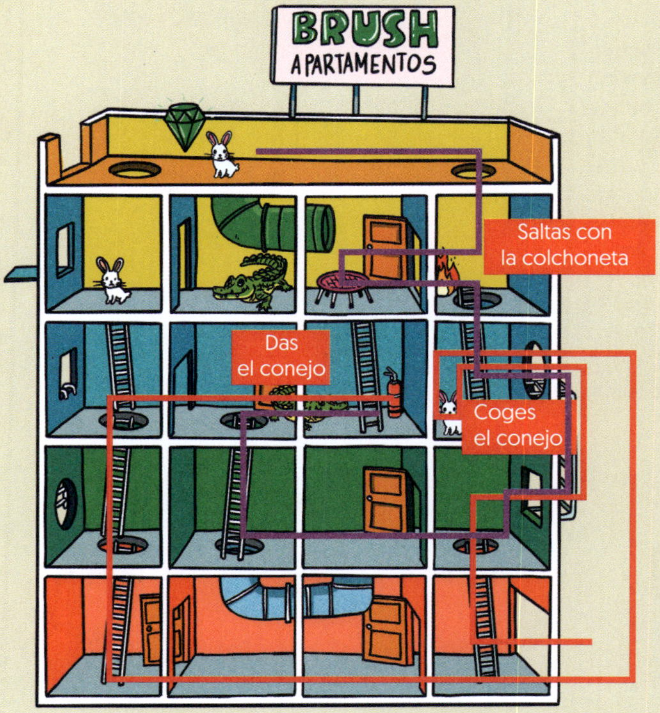

1. Coges el conejo y vas otra vez para abajo para ir hasta la última de la izquierda y subir hacia el cocodrilo.

2. Coges el extintor y ahora bajas (línea morada) y vuelves a subir por la escalera exterior, luego un piso arriba y apagas el fuego.

3. Coges la colchoneta y te la llevas a la habitacón de su derecha y saltas hacia arriba para llegar a la azotea e ir a por el diamante.

SOLUCIONES

El verano ya llegó

T	Y	A	R	I	Ñ	W	K	I	W	I	X	I	N
H	I	E	L	L	O	M	O	S	Q	U	I	T	O
S	O	M	B	R	I	L	L	A	U	M	B	E	M
I	L	H	E	L	A	D	O	I	E	A	R	A	A
L	L	V	I	E	J	O	C	E	N	G	O	R	R
L	A	A	P	U	N	S	U	I	E	N	N	O	I
O	B	P	L	A	I	U	C	G	R	E	C	D	C
R	R	I	A	P	O	S	W	E	I	S	E	U	A
O	U	P	Y	V	I	O	P	R	A	I	A	S	R
C	S	I	A	P	B	R	U	S	H	O	D	O	M
A	H	C	S	E	X	Y	D	E	E	S	O	L	E
L	E	A	N	M	A	S	U	K	M	U	E	L	N
S	S	A	R	E	N	A	L	U	I	O	V	A	N
E	G	A	F	A	S	D	E	S	O	L	E	Y	R

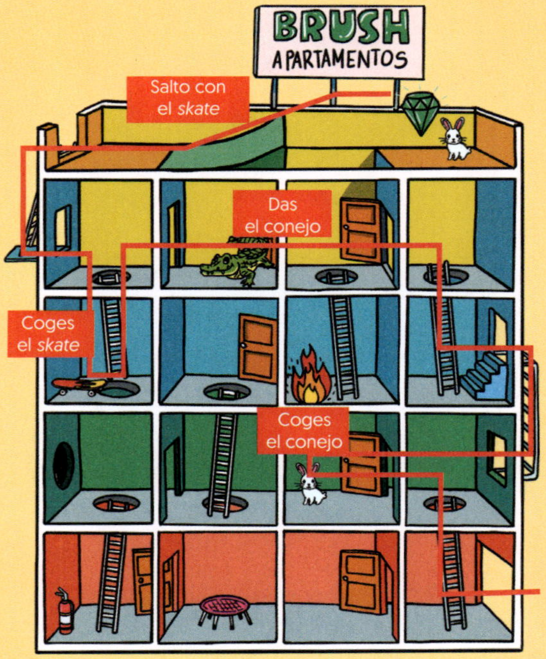

1. Coges el conejo y subes hasta la habitación del cocodrilo.
2 Bajas a por el *skate*, vuelves a subir y por el exterior subes a la azotea,
3. Con el *skate* saltas la rampa y llegas al diamante.

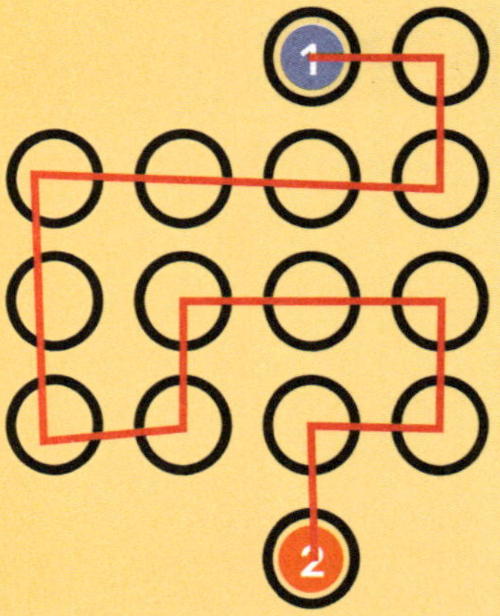

Marcas de ropa

Página 26
Reebok
Under Armour
Adidas
Fila
Puma
Levis
Vans
Asics
Lacoste
Kappa
Nike
Converse

Página 27
Armani
Channel
Champion
Hollister
Versage
Umbro
Joma
The North Face
New Balance
Calvin Klein
Timberland
Ralph Lauren

O	A	L	G	O	G	G
G	L	A	O	O	L	O
L	O	G	G	L	A	L
A	G	A	L	O	O	G
O	L	L	G	A	G	A

1. PÓSTER	5. CUADROS	9. ENCHUFE
2. LIBROS	6. ORDENADOR	10. SÁBANAS
3. RELOJ	7. PLANTA	11. CAMA
4. MÓVIL	8. ALMOHADA	

J	U	L	I	E	T	A	S	P	W	R	E	T	S	O	P	P	L
A	N	A	C	A	C	A	D	I	O	A	R	G	U	S	W	O	I
M	O	M	E	V	A	C	A	Z	W	S	E	A	A	T	O	L	B
O	R	O	E	D	O	P	I	Z	X	A	L	L	V	E	R	E	R
N	U	V	R	V	X	C	U	A	D	R	O	S	E	O	D	N	O
A	X	I	U	S	C	A	C	R	U	I	J	E	P	P	E	T	S
E	M	L	N	C	I	P	A	C	E	X	U	N	A	A	N	A	U
S	A	B	A	N	A	S	M	A	N	P	L	A	N	T	A	N	R
T	U	M	A	D	R	E	A	D	D	E	O	W	A	A	D	A	E
M	E	C	R	E	C	A	N	T	A	R	W	O	W	L	O	R	R
A	L	M	O	H	A	D	A	N	O	R	M	A	L	L	R	I	O
V	I	C	T	O	R	I	E	N	C	H	U	F	E	R	T	E	S

SOLUCIONES

Acertijo viral

Pedro es la pareja de Paula porque le está metiendo la mano en el pecho a Lupita, que es la pareja de Mario, que es el otro hombre de la foto. En medio está Ania que tiene un restaurante de croquetas (ver tatuaje) y además es la hermana de Jenny, que es la soltera del grupo.

Errores imagen

1. Se escribe Joker.
2. Colores al revés.
3. Es Nirvana.
4. Está mal escrito, es NETFLIX.
5. El 5 y el 6 están cambiados.
6. La luz está desenchufada.
7. Le sobra la línea de Coca-Cola.
8. Es Blancanieves.
9. Es vamos a ver, no haber.
10. Tiene 6 dedos.
11. La sábana es amarilla o azul.

A	I	H	A	J	H	A
H	J	I	J	A	J	J
I	A	J	J	I	A	H
J	H	I	I	H	I	I
H	I	A	H	A	H	J

La última cagada

1. Grinch	5. Café
2. Frigopié	6. Candado
3. Pedo	7. Zorra
4. Perra	8. Cocktail

Encuentra las 11 diferencias

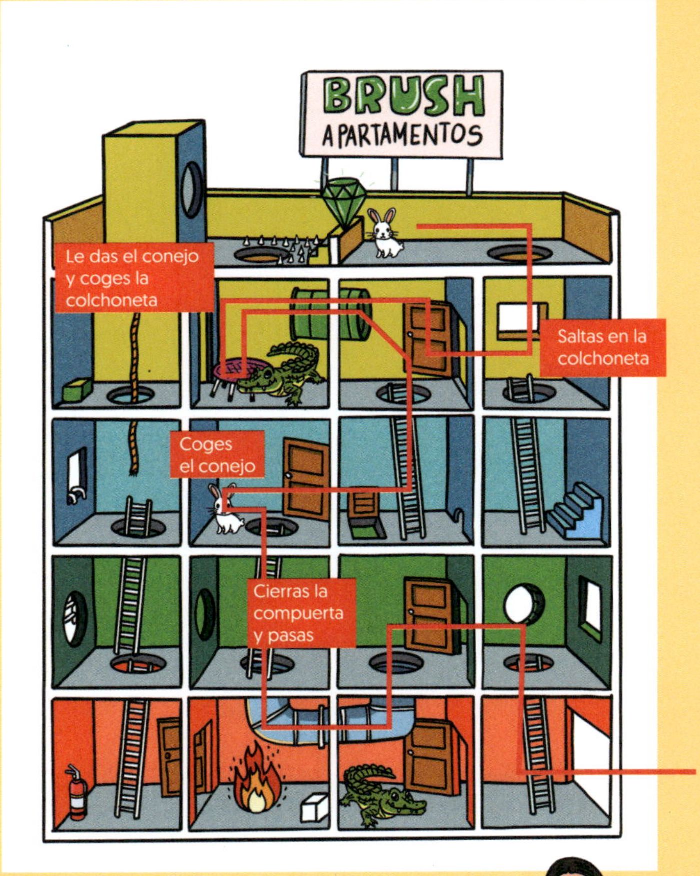

ANTÓNIMOS ANÓNIMOS

T	O	N	S	O	L	S	D	I	F	I	F	E	O
Q	U	I	R	R	E	A	L	I	Z	A	B	L	E
K	D	F	N	U	S	B	A	Y	U	N	A	R	T
D	H	A	D	E	S	I	L	U	S	I	O	N	G
B	E	U	S	H	U	D	U	D	O	R	A	I	Z
S	U	B	I	R	B	U	M	I	C	M	L	N	W
S	O	C	E	G	S	R	I	F	R	I	O	S	A
O	I	D	T	N	C	I	N	I	E	N	D	E	L
R	G	A	I	X	E	A	O	C	S	E	I	N	E
E	I	Z	N	O	R	S	S	U	D	N	R	S	G
P	D	A	U	F	I	Y	O	L	H	T	S	I	R
S	D	O	M	E	S	T	I	C	A	D	O	B	I
A	L	A	I	C	I	F	R	E	P	U	S	L	A
Z	E	J	E	V	D	N	U	D	J	O	X	E	E

CALOR/FRÍO
TRISTEZA/ALEGRÍA
AMOR/ODIO
IGNORANCIA/SABIDURÍA
ILUSIÓN/DESILUSIÓN
JUVENTUD/VEJEZ
SUAVE/ÁSPERO
ORIGEN/FIN
LÚGRUBE/LUMINOSO
PROFUNDA/SUPERFICIAL
SENTIMENTAL/INSENSIBLE
SALVAJE/DOMESTICADO
BONITO/FEO
BAJAR/SUBIR
COMER/AYUNAR

Suspenso en gimnasia

Ángela miente, tiene el móvil en el mismo lado que el brazo que dice tener roto.

Potra Salvaje

La cantante se llama **isabel Aaiún.**
Tiene **6 tatuajes.**
Viaja **a lo desconocido.**
Se pone **un vestido** en los homenajes.
No quiero hierro ni sed de **venganza.**
Como una potra salvaje que en el oleaje **no pierde el sentido.**
Con la garganta llena de **arena.**
Porque el que canta **su vida llena.**

España es así

1 CÁDIZ
2 CASTELLÓN
3 BURGOS
4 MURCIA
5 CUENCA
6 TOLEDO
7 IBIZA
8 MENORCA

Que empiece el festival

1. Reggae (pulsera bandera Jamaica)
2. Reguetón (tatuaje Bichota)
3. Tecno (Camiseta Acid)
4. K-pop (lleva camiseta de Enhypen, que es un grupo)
5. Bakalao (cinturón Ximo Bayo)
6. Música urbana, reguetón, hip hop y trap (lleva camiseta festival Boombastik)
7. Country (gorro y botas)
8. Rock (parche Rolling Stones en la falda)
9. Hip hop (ropa ancha urbana, gorra y collar)

Pelis navideñas

Bittlejuice
Pesadilla antes de Navidad
Los Gremlins
Klaus
Elf
Solo en casa
El Grinch
Polar Express
Qué bello es vivir
Jungla de cristal
Vaya Santa Claus
Love Actually

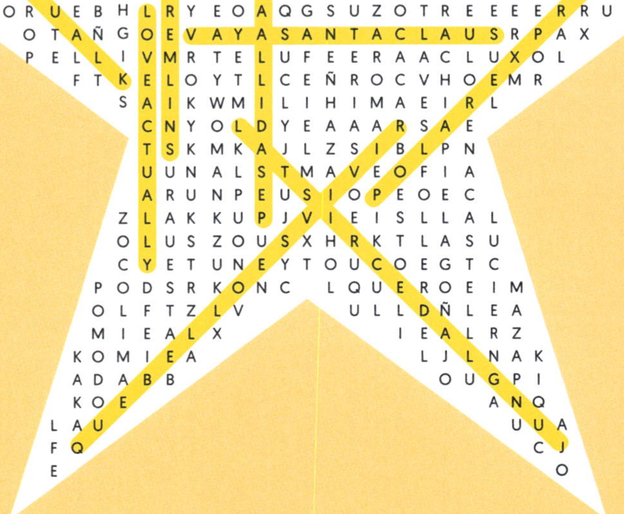

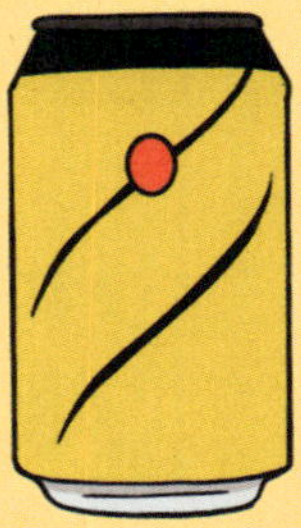

NO ME DES LA LATA II

Coca-Cola
Heineken
Monster
Schweppes
Casera
Appletiser

¿Quién es quién?

Peter es abogado
Gorka es estríper
Rafa es bombero
Fabio es futbolista

Fusión animada

Pájaro Loco
Dora la exploradora
Popeye
Los Simpson
Los Picapiedra
Inside Out

Descubre al ladrón famoso

1. David Broncano
2. Fernando Alonso
3. Mario Casas
4. Messi
5. Will Smith
6. Dwayne Johnson
7. Rafa Nadal
8. Tom Hanks
9. Jason Statham

Famosas

1. Amaia Romero
2. Anna Castillo
3. Beyoncé
4. Nicole Kidman
5. Emma Stone
6. Nicole Wallace

¿Qué tienen en común?
El nombre (Nicole)

J	F	L	D	E	N	D	A	P	Z	D	T	J
O	H	E	U	C	R	A	N	A	A	W	S	A
S	R	E	R	C	B	W	N	C	D	A	E	S
E	A	L	A	N	Y	X	A	O	R	Y	Y	O
U	V	A	A	D	A	V	I	D	I	N	N	N
M	A	R	I	O	E	N	L	M	N	E	C	L
U	T	A	T	W	C	N	D	O	X	O	P	I
R	A	F	H	T	W	O	G	O	A	Y	E	V
L	D	A	V	I	M	P	A	C	O	I	D	O
U	E	M	A	O	P	E	D	R	O	O	R	E
I	L	A	T	K	W	I	D	O	W	E	O	L
E	M	M	A	N	T	E	W	I	L	L	T	A
B	R	U	S	H	A	M	A	I	A	A	P	P
E	L	O	C	I	N	E	C	N	O	Y	E	B

Perder la cabeza

Aparecen 3 veces

Aparecen 1 vez

Humor Absurdo

Burbuja inmobiliaria
Televisión de plasma
Gafas graduadas
Cámara réflex

Vocabulario de gimnasio

Dead lift - Peso muerto
Row - Remo
Kettlebell - Pesa rusa
Push ups - Flexiones
Pull ups - Dominadas
Wall ball - Lanzamiento balón
Clean - Cargada
Back Squat - Sentadilla con barra
Sit-up - Abdominales
Plank - Plancha
Lunge - Zancada
Box jump - Salto cajón

Juguetes, modas y cosas del desván

1. Peonza o trompa
2. *Spinner*
3. Chinito de la suerte
4. Sonny Angels
5. Tazo Pokemon
6. Chupetes de la suerte
7. Baby Joda
8. Bratz
9. PinyPon

¿Qué número llevan?

Lamine Yamal 19
Mbappé 9
Williams JR 10
Vini JR 7
Messi 10
Griezmann 7
Pedri 8
Haaland 9
Alexia 11
En rojo están los que estaban mal escritos.

Humor absurdo

S	E	M	E	X	O	L	V	I	D	N	Q	U	E	M	U
E	S	T	A	M	O	S	A	T	R	O	N	T	O	S	N
M	U	E	R	D	A	G	L	O	A	M	I	E	R	D	A
E	J	S	E	I	U	R	E	S	T	I	M	S	U	R	C
S	E	P	F	A	Y	A	N	U	O	N	E	U	I	O	A
U	T	A	L	M	R	N	V	E	N	A	V	N	D	T	L
E	A	L	E	A	T	D	I	Ñ	E	I	A	R	O	C	L
L	D	D	X	N	U	I	M	O	R	N	N	C	S	A	E
D	O	A	I	T	R	O	O	S	A	G	I	O	O	R	D
P	E	S	O	M	U	E	R	T	O	R	M	A	V	T	E
I	S	U	N	E	M	S	E	R	S	E	E	M	E	I	P
T	A	L	A	K	T	P	B	A	T	S	V	A	C	C	A
O	M	O	R	A	E	A	E	J	E	A	I	R	I	O	R
N	U	A	V	E	M	Ñ	L	I	O	D	E	E	N	L	I
I	N	S	U	X	E	A	D	N	P	A	N	S	O	E	S
M	U	S	G	O	R	T	E	M	I	C	O	L	E	V	U

Peso muerto, reflexionar, nómima ingresada, velocitractor.

Test Yamal

Año nacimiento: 2007
Nacido en Esplugues de Llobregat.
Es el jugador más joven en debutar y marcar con la selección española. Lo hizo con 16 años, 1 mes y 26 días.
Yamal es el goleador más joven de la historia de LaLiga al marcar con 16 años, 2 meses y 25 días.

El gesto que hace con sus manos hace referencia al código postal de su distrito, recurre a él para recordar sus orígenes.

Por la cara

Chris Pratt
LeBron James
Novak Djokovic
Elon Musk
Ibai Llanos
David Broncano
Alejandro Sanz
Jesús Calleja
Vinícius Júnior

12 Festivales de música que se celebran en España

M	A	D	R	I	A	B	B	R	F	E	S	O	F	A	E	O	G	E	N	T	F	A	E	O	A	R	G	E	N	T	I	N	P	R	F	A	E
E	N	I	A	N	Z	A	X	E	N	W	U	N	T	A	R	N	C	I	E	R	T	A	R	N	L	U	C	I	E	R	N	A	R	A	T	A	R
G	D	F	M	O	K	R	W	S	O	A	V	O	O	W	A	O	A	R	C	A	O	W	A	O	Q	B	A	R	C	A	T	E	I	W	O	W	A
U	R	E	O	M	E	C	A	U	M	S	I	M	R	A	S	M	L	A	R	G	R	A	S	M	U	B	L	A	R	G	O	J	M	A	R	A	S
S	R	E	N	A	N	A	S	R	A	H	Ñ	A	T	K	E	A	I	T	F	I	T	K	E	A	I	K	I	T	F	I	B	A	A	Z	T	K	E
T	O	R	E	T	A	L	O	R	T	I	A	T	O	A	C	T	S	A	L	M	O	A	C	T	L	L	S	A	L	M	O	N	V	L	O	A	C
A	S	S	T	O	R	O	N	E	O	N	R	O	P	W	A	O	T	F	R	I	P	W	A	O	E	I	T	F	R	I	O	O	E	L	P	W	S
L	A	O	C	P	O	N	E	C	P	G	O	P	E	A	C	P	E	E	S	P	E	A	C	P	R	V	E	E	S	P	A	M	R	E	E	A	O
A	F	N	H	E	C	A	R	T	E	T	C	E	D	K	A	E	N	S	U	T	D	K	A	E	E	E	N	S	U	T	I	O	A	T	D	K	N
P	E	A	E	Y	K	W	A	I	Y	O	K	Y	W	E	F	Y	T	A	N	O	W	E	F	Y	S	O	T	A	N	O	E	L	S	U	W	E	O
A	A	R	E	N	A	L	S	O	U	N	D	A	L	S	E	A	O	X	M	A	L	S	E	A	P	R	O	X	M	A	D	C	O	O	L	S	R
E	N	V	I	Ñ	A	M	O	N	T	E	S	X	E	O	S	X	G	A	N	I	E	O	S	X	O	R	G	A	N	I	L	L	U	M	E	O	A
L	K	I	J	O	T	T	E	F	E	D	S	A	T	I	T	A	S	E	G	O	E	I	T	A	R	O	S	E	G	O	N	E	N	S	E	I	M
L	A	O	V	I	D	A	F	E	S	T	I	V	A	L	R	L	S	N	U	B	M	E	R	L	L	A	S	N	U	B	E	S	D	A	M	E	A
A	R	O	T	O	T	O	M	S	U	N	S	P	L	A	S	H	D	P	E	L	M	I	S	A	L	U	D	P	E	L	O	T	A	V	A	S	C
C	A	S	T	T	E	M	S	T	E	L	L	O	N	N	O	E	R	Q	U	E	E	G	A	E	T	U	R	Q	U	E	S	A	N	X	S	A	O

1. Sónar
2. Arenal Sound
3. Azkena Rock
4. Resurrection Fest
5. Viña Rock
6. Vida Festival
7. Rototom Sun Splash
8. BBK Live
9. FIB
10. Primavera Sound
11. Mad Cool
12. Sonorama

HUMOR ABSURDO

Lámpara de pie
Celoso
Salteado de setas
Celofán

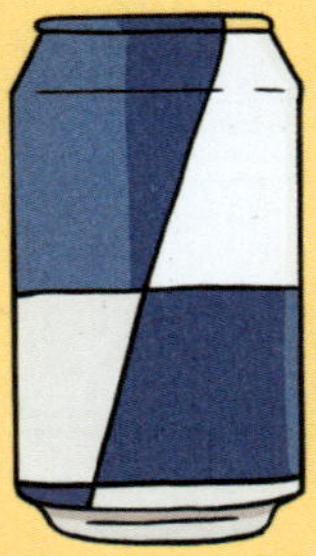

NO ME DES LA LATA

Mahou 5 estrellas
Estrella Galicia
Águila Amstel
Red Bull
Sprite
Pepsi

V	H	D	U	M	B	A	V	X	M	L			
O	B	T	Z	H	S	I	F	G	I	B			
W	V	J	B	E	E	T	L	E	J	A			
I	A	E	D	W	O	O	D	F	X	J	J		
X	Q	C	U	M	B	A	F	C	R	B	E	J	M
F	R	A	N	K	E	N	W	E	E	N	I	E	B
V	B	A	T	M	A	N	R	E	T	U	R	N	S
K	Q	T	W	R	B	A	Q	A	V	A	M	Y	U
D	Q	S	L	E	E	P	Y	H	O	L	L	O	W
U	B	A	R	M	N	E	V	K	X	I	Q	U	W
M	K	N	B	A	G	F	L	A	H	S	F	I	
B	M	S	M	L	P	X	G	I	W	T	U	J	M
O	H	T	Z	U	V	S	J	V	B	H	U	M	B
L	A	N	O	V	I	A	C	A	D	A	V	E	R
B	U	O	E	C	I	U	J	E	L	T	E	E	B
W	X	I	N	B	I	G	F	L	A	H	S	F	I

Actores famosos

Channing Tatum
Elijah Wood
John Cena
Rami Malek
Timothée Chalamet
Vin Diesel

Vestuario de trabajo

Página 28
Ikea, Mercadona, Carrefour, Consum, Leroy Merlin, Lidl

Página 29
Media Markt, Caprabo, Erosky, Aldi, El Corte Inglés, Decathlon.

Somos muy monos

MONOPOLY
Compartimos el 98 % de ADN.
El orangután usa herramientas de forma similar a los humanos.
El gorila es capaz de aprender y usar el lenguaje de señas.
La risa y el juego son comunes en humanos y algunos primates.

¿Quién es Quién?

Página 30:
Corredora maratón (tatuaje 42)
Fisioterapeuta (ropa)
Pizzero Italiano (ropa y tatuajes)
Ciclista (camiseta y marcas sol)

Página 31:
Ejecutivo (logo tecnológico)
Peluquero (tijeras y pelos ropa)
Profesor de Historia (camiseta)
Pintor (manchas pantalón)

Página 32:
Informático (camiseta)
Farmaceútica (tatuaje tobillo)
Payaso (nariz roja del suelo)

Página 33:
Joyero (ropa, reloj)
Profesora pilates (ropa)
Fotógrafa (logo manga camiseta)
Bailaora flamenco (ropa y aspecto)

HUMOR ABSURDO

Gafas de cerca
Mirada fija
Pitonisa

Expresiones

FOMO: temor a perferse algo
LIT: genial, excelente, *cool*
NOOB: mostrar tus cosas sin humildad
ESTAR EN TU PRIME: en tu mejor momento
SIMP: pagafantas
HYPE: que genera expectación
PEC: por el culo, se usa para expresar que algo te gusta mucho

Parpadea dos veces
La ciudad perdida

Fast & Furious
Bloodshit

El señor de los anillos
Grand Piano

Bohemian Rhapsody
Papillon

Jackpot
Freelance

Dune
Wonka

Comida rápida

T	Y	M	R	I	Ñ	W	K	I	W	I	X	I	P
H	I	C	L	P	O	T	O	E	R	R	U	S	O
B	U	D	K	E	R	A	I	D	U	M	B	E	P
I	M	T	E	L	A	C	O	I	E	A	R	A	E
L	C	V	A	E	J	O	C	E	N	G	O	R	Y
L	D	A	P	C	N	S	U	I	E	N	N	A	E
D	O	M	I	N	O	S	P	I	Z	Z	A	Z	S
R	N	I	A	P	K	B	W	E	I	S	E	Z	A
O	A	P	Y	V	F	O	E	R	A	I	A	I	R
C	L	I	A	P	C	R	U	L	H	O	D	P	M
A	S	C	S	E	X	Y	D	E	L	S	O	E	E
L	E	A	N	M	A	S	U	K	M	U	E	L	N
S	U	C	I	O	W	E	L	U	I	O	V	E	N
A	U	B	U	R	G	E	R	K	I	N	G	T	L

HUMOR ABSURDO

Thortilla
Peliculón
Queso viejo
Culo carpeta

Juguetes, modas y cosas del desván

10. Littlest Pet Shop
11. Gusiluz
12. Oso Amoroso
13. Mister Potato
14. My Little Pony
15. Super Cinexin
16. Diseña tu moda
17. Walkie talkie
18. Gogo
19. Power Ranger
20. Subbuteo
21. Troll de la suerte

¿Quién es Quién?

Rafa tiene la brocha de afeitar barbas en la mano, Jessica tiene una gafas metidas entre su falda y trabaja en una óptica, y Camila tiene una zapatería.

La peluquería

La combinación es **577**.
57 es el número de azulejos negros que hay en el suelo y 7 los rojos, contando el que hay en el respaldo de la silla roja.
En la pared se lee N y R, que es negro y rojo, y en el papel de al lado de la puerta se ve el orden. Primero negro y segundo rojo.

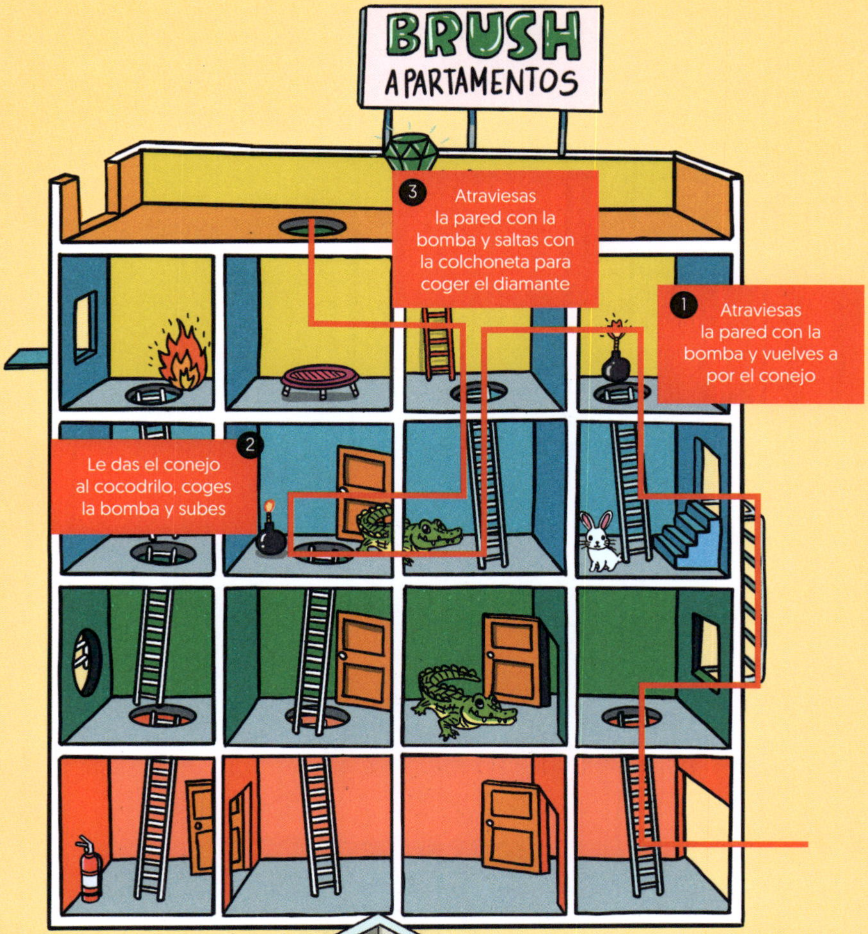

ESCAPA DE LA CELDA

El código utilizado es cifrado César 4, que indica que a cada letra tienes que restarle 4 en el abecedario para que sea la correcta. Por ejemplo la O es la L.

En las paredes se lee esto:
OE GOEZI IW UYIIQ
LA CLAVE ES QUEEN.

P	C	O	A
E	I	K	K
A	N	U	I
R	E	K	I

BÚHO	PACO	ALMA
SAPO	KIKE	CLOE
LOBO	UNAI	ELSA
FOCA	IKER	GALA

El estudio de Brush

En el ordenador pone pintores famosos, y un papel donde pone que Dalí es el primero. Además el libro de A-Z indica que van por orden alfabético.

Dalí, Matisse, Mondrian, Picasso y Van Gogh.

La clave es **DMMPV**

La tienda de camisetas

La clave es CMYK y las camisetas que hay de cada color. Hay 5 camisetas cián, 8 camisetas magenta, 11 camisetas amarillas (yellow) y 0 camisetas negras (K).

La combinación es **58110**

¿Asesinato o suicidio?

La policía colocó la cinta sin rebobinar, le dio al Play y escuchó el mensaje. Es imposible que el muerto se grabase y rebobinase la cinta después del disparo. Fue asesinado.

C	B	F	E	L	A	R	A	P	L	P	B	Y	H
H	I	L	A	L	L	A	D	E	O	I	O	L	O
I	P	I	K	A	C	H	U	S	S	K	B	A	R
C	N	S	N	M	L	V	C	V	I	A	E	P	A
H	I	G	I	P	A	P	E	P	N	V	S	A	D
O	O	A	O	A	D	B	O	O	C	P	P	N	E
T	G	C	N	L	Y	I	T	C	R	N	O	T	A
E	U	R	I	L	B	G	E	A	E	O	N	E	V
R	M	E	D	E	U	M	R	H	I	M	J	R	E
R	B	I	D	H	G	O	R	O	B	E	A	A	N
E	A	B	A	G	M	U	U	N	L	A	S	R	T
M	L	A	L	F	P	T	M	T	E	R	T	O	U
O	L	E	A	I	G	H	O	A	S	O	R	S	R
T	M	I	N	I	O	N	S	S	F	D	C	A	A
O	R	G	R	A	V	I	T	Y	F	A	L	L	S

Arale
Chicho Terremoto
Pikachu
Pepa Pig
Gumball
Aladdin
Minions
Gravity Falls
Los Increíbles
Pocahontas
Doraemon
Bob Esponja
La Pantera Rosa
Hora de Aventuras

¿Qué dibujos son?

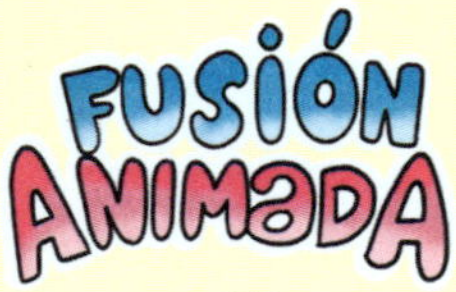

1)
Chicho Terremoto
Doreamon
Arare
La Pantera Rosa

2)
Pocahontas
Jasmine (Aladdin)

3)
Bob Esponja
Big Mouth
Gravity Falls
El increíble mundo de Gumball

4)
Los Increíbles
Ladybug

5)
Los Pitufos
Pepa Pig
Hora de Aventuras
Pikachu

EL CÁLIZ SAGRADO
En el cuadro de la pared hay 3 colores, el azul con 1 punto, el fucsia con 2 y el dorado con 3. Este es el orden. Además, el cuadro de al lado es como un plano, donde cada color equivale a uno de los bancos y el círculo del medio es la mesa. Si seguimos la secuencia de colores veremos que en el banco azul se lee un 3, en el fucsia un 8 (en su respaldo) y en el dorado un número 4 formado entre sus patas. La combinación para salir será: **384**

Nómina ingresada
Velocitractor
Peso muerto
Reflexionar

ADIVINA QUIÉN ES EL PADRE
Robert lleva una camiseta de panadería ALMA, que son las iniciales de Alba y Mario, que son sus hijos. Roberto nació en 2016, con lo que no puede ser Peter su padre porque su tatuaje pone 2015. El padre de Roberto es Hugo, que trabaja en RDS (el Rey del Sofá). Lucas es el hijo de Peter, que por su sombrero y *look* un poco diferente se intuye que tiene una tienda de ropa.

En amarillo las marcas de comida rápida: McDonald's, KFC, Burger King, Telepizza, Taco Bell, Domino's Pizza.
En verde tienes marcadas las 11 diferencias.

DESCUBRE al ASESINO

CRIMEN MISTERIOSO

El asesino es el pintor de la página 31.
¿Cómo lo puedes averiguar? Si te fijas en la imagen de las páginas 34-35 aparecen cuadros con la firma de PAX, que es la nota que apareció en el bolsillo del muerto. En la misma imagen aparece un autoretrato del autor y asesino.

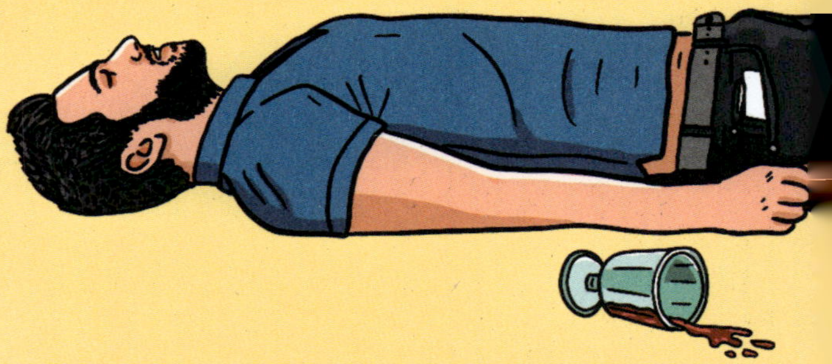